가득 찼어도 텅 빈 듯이

가득 찼어도 텅 빈 듯이
신부님의 동양철학 수업

2024년 5월 10일 교회 인가
2024년 5월 30일 초판 1쇄
2024년 8월 1일 초판 2쇄

지은이   최성준
펴낸이   박현동
펴낸곳   성 베네딕도회 왜관수도원 분도출판사
찍은곳   분도인쇄소

등록   1962년 5월 7일 라15호
주소   04606 서울시 중구 장충단로 188 분도빌딩(분도출판사 편집부)
           39889 경북 칠곡군 왜관읍 관문로 61(분도인쇄소)
전화   02-2266-3605(분도출판사) · 054-970-2400(분도인쇄소)
팩스   02-2271-3605(분도출판사) · 054-971-0179(분도인쇄소)
홈페이지   www.bundobook.co.kr

ISBN   978-89-419-2407-4   03230

ⓒ 최성준 2024

신부님의 동양철학 수업

가득 찼어도
텅 빈 듯이

최성준 지음

분도출판사

최성준 이냐시오 신부님께서 교구 문화홍보국장으로 일하시면서 오랫동안 월간 『빛』에 동양철학에 관한 글을 연재했습니다. 저는 동양철학에 대하여 아는 바가 별로 없지만 최성준 신부님께서 공자, 맹자, 노자, 장자 등 여러 동양철학 대가들의 말씀을 소개해 주며 쉽게 풀이해 주는 것이 새롭고 흥미롭게 와닿았습니다. 그래서 매달 배달되는 『빛』을 받아 보며 신부님의 글을 읽는 일이 큰 즐거움이었습니다.

그런데 잡지는 한 번 읽고 버려지는 경우가 많기에 이 귀한 글들이 하나의 책으로 엮여 언제든지 집어 들고 읽을 수 있기를 바랐습니다. 다행히 저의 권유로 최 신부님께서 책으로 낸다고 하니 기쁠 따름입니다.

최성준 신부님의 글을 읽으면 동양과 서양의 사상이 크게 다르지 않다는 생각이 듭니다. 언어와 관습과 문화는 조금씩 달라도 사람이 생각하는 근본은 비슷하다는 것입니다. 그래서 함께 나눌 수 있고 서로 보완할 수 있지 않나 생각됩니다.

사도행전 17장을 보면, 유다인이면서 그리스·로마 문화를 익히 알고 있던 바오로 사도가 아테네의 어느 신전 제단에 새겨진 '알지 못하는 신에게'라는 글을 보고, 그 알지 못하는 신에 관해서 아테네 시민들에게 바르게 가르쳐 주려고 애쓰는 장면을 볼 수 있습니다. 그러면서 바오로 사도는 '우리도 그분의 자녀다'라는 그리스의 어느 시인의 말을 인용하기도 합니다.

최성준 신부님의 글을 보면서 이천 년 전 아테네의 아레오파고스에서 있었던 바오로 사도의 설교가 생각났던 것입니다. 동양 철학과 고전에 관한 신부님의 글이, 우리가 하느님의 진리를 알아듣는 데 큰 도움이 되리라 믿습니다.

주님께서 늘 함께하시길 기도합니다.

2024년 성모성월에
조환길 타대오 대주교

"신부님이 왜 동양철학을 공부하세요?"

　신자들에게 흔히 듣는 질문입니다. 사실 대부분의 유학하는 신부님이 전공하는 분야는 성경, 신학, 서양철학 같은 분야입니다. 그리스도의 가르침을 제대로 이해하고 사람들에게 전하기 위해서는 당연히 이런 분야의 공부가 필요하고 중요합니다. 하지만 이런 가르침을 누구에게 전해야 하는가의 문제에서, 이 땅에 살고 있는 사람들에 대한 이해도 중요하지요. 우리 선조들은 하느님, 예수님을 모른 채 오천 년을 넘게 살아왔습니다. 신앙이 전해진 지는 이제 이백여 년이 지났을 뿐입니다. 그전에도 이 땅에 사람이 살고 있었습니다. 하느님을 알지 못하지만, 사람들은 세상을 관장하는 절대자 하늘(天)을 생각하고, 사람들과 관계를 맺으며 어떻게 살 것인가를 고민해 왔습니다. 이 땅에 사는 사람들의 의식 깊숙한 곳에 영향을 미치고, 심성을 형성해 온 생각들을 이해하기 위해서 동양철학을 공부하고 싶었습니다.

거칠게 '동양철학', '서양철학'으로 양분하는 것은 사실 문제가 있습니다. 우리가 흔히 '서양철학'이라고 이야기하는 분야는 고대 그리스 철학을 기반으로 해서 로마제국을 거쳐 지금의 서유럽 중심의 철학입니다. 반면 '동양철학'이라고 하면 한자 문화권의 유가 철학, 도가 철학, 중국 불교 철학을 이야기합니다. 하지만 동양에는 인더스문명을 기반으로 한 인도철학도 있고, 남방불교 철학 그리고 중동 지역을 중심으로 한 여러 철학 사조가 있습니다. 그러니 세상을 동양, 서양으로만 나누는 생각도 우리 중심의 편협한 생각일 수 있지요. 그래도 편의상 여기서 이야기하는 '동양철학'은 한자 문화권의 중국철학을 의미한다고 보시면 되겠습니다. 그중에서도 유가 철학, 도가 철학, 중국 불교 철학(선불교)을 중심으로 이야기하겠습니다. 사실 우리나라 사람들에게 가장 많은 영향을 끼친 사상이기도 하니까요.

이 책은 월간 『빛』에 연재되었던 글을 엮은 것입니다. 제가 베이징에서 공부하고 돌아와 신학교에서 학생들을 가르친 건 2012년부터였습니다. 그 후 2015년부터 2023년까지 아홉 해 동안 『빛』 잡지에 글을 연재했더라고요. 돌아보니 긴 시간이었습니다. 사실 제가 쓴 글을 한 권의 책으로 낼 생각은 없었습니다. 괜히 환경에 해만 끼치는 것이 아닌가 하는 마음이었습니다. 하지만 시간에 묻혀 사라져 버릴지도 모르는 저의 고민이 묻어 있는 글들을 살려내, 우리가 어떤 문화권에서 살아왔는지 이해하고 우리가 만나는 대부분의 사람들이 어떤 사상의 영향을 받으며 살고 있는지 알아보는 데 조금이라도 도움이 된다면 그것도 나쁘지 않겠다는 생각이 이 책을 펴낼 결심을 하게 했습니다. 십 년 남짓한 시간 동안 제가 고민한 내용들을 여러분과 나누고 싶은 마음입니다. 이 책은 동양철학에 관한 전문적인 내용을 담은 책이 아닙니다. 누구나 이해하기 쉽게 에세이 형식으로 쓴 읽기 편한 이야기입니다. 동양 고전의 유명한 구절이나 고사성어를 소개하고, 그것을 바탕으로 일상에서 생각해 볼 거리들을 이야기로 풀었습니다. 그리스도인인 우리에게 동양 고전이 어떻게 읽히는지도 다뤘고요.

책은 총 다섯 부분으로 구성되어 있습니다. 1장은 중국철학의 기본 개념을 소개하면서 거기에 연관된 우리의 삶을 돌아보는 내용을 모았습니다. 2장은 성령의 아홉 가지 열매를 동양철학에서 이야기하는 덕목으로 풀어 보았습니다. 3장은 마음에 관해서 여러 사상가가 이야기하는 내용을 모았고, 4장은 이웃과의 관계, 친교에 관해서 이야기한 부분을 모았습니다. 5장은 나와 이웃에서 더 나아가 생태 그리고 더 큰 인간관계를 이야기하는 정치에 관한 옛 성현들의 가르침들을 모았습니다. 1장과 2장은 『빛』 연재 초기 '동양 고전 산책'이라는 코너에 연재한 글입니다. 3장부터 5장까지는 '여는 글'에 실렸던 글입니다.

가톨릭 사제로서 동양철학을 공부해 보니, 그리스도교 신앙을 모른 채 살아온 사람들도 나름 하느님을 향한 길을 찾아가고 있었다는 생각이 들었습니다. 하느님을 알지는 못했지만, 하늘을 절대자로 인식하면서 여러 이론을 세웠습니다. 하지만 사람들에게 더 본질적인 질문은 '어떻게 살 것인가?'였습니다. 중국철학이 가장 전성기를 이룬 시기가 중국 역사에서 가장 난세였던 춘추전국시대였다는 사실은 많은 생각할 거리를 남깁니다. 열강들이 끊임없이 전쟁을 일으키고, 나라를 부강하게 만들기 위해 군주들은 백성들을 부역에 동원하고 세금을 무리하게 걷었습니다. 서민들은 전쟁통에 죽거나 부역에 끌려가 고생만 하다가 굶어 죽기 일쑤였습니다. 이런 난세를 겪으면서 지식인들은 사람의 본성이 왜 이리 잔인한지, 이를 바로잡기 위해서 어떻게 살아야 할지를 고민하는 가운데 제자백가諸子百家의 여러 학파가 생겨났습니다. '나는 누구인가?', '어떻게 살 것인가?', '사람들과 어떤 관계를 맺고 친교를 나누며 살아야 하는가?'라는 질문은 인간이라면 누구나 품고 있는 보편적인 문제입니다. 이런 문제의 답을 찾아가며 형성된 동양철학의 여러 생각이 우리 그리스도인에게 전혀 낯설지 않고, 어떤 면에서는 우리에게도 신선한 길을 제시해 줍니다. 그런 부분들을 같이 생각해 보고 나누고자 이 글을 써 보았습니다.

먼저 저의 글을 책으로 묶어 내 보라고 격려해 주신 조환길 대주교님께 감사드립니다. 대주교님의 권유가 없었다면 이 책은 세상에 나오지 못했을 것입니다. 그리고 제 글을 연재하는 데 힘써 준 『빛』편집부에 감사드립니다. 또한 단편적인 글들을 모아 주제별로 엮어 한 권의 책으로 만들고, 표지와 내지를 멋스럽게 디자인해 주신 분도출판사 편집부에 특별히 감사의 마음을 전합니다. 그리고 무엇보다도 우리 신앙과 동양철학에 관심을 갖고 이 책을 집어 들어 지금 읽고 계신 당신께 감사를 드립니다. 명나라의 철학자 왕양명王陽明의 생각을 빌려 이야기하자면, 읽어 주는 독자가 없다면 책에 적힌 이야기는 저 깊은 어둠 속에 묻혀 있을 것입니다. 하지만 독자가 책을 집어 들어 펼쳐 읽는 순간, 어둠 속에 묻혀 있던 글들은 활짝 피어나 저자의 의도와는 상관없이 독자에게 새로운 세상을 펼쳐 보일 것입니다.

5월 성모성월이 시작하는 날 이 글을 씁니다. 성모님의 성심을 생각하다 보면 자연스레 부모님이 떠오릅니다. 사실 부모님께 가장 감사하다는 말을 전하고 싶습니다. 부모님 덕분에 제가 세상에 태어나 주님의 사제가 되고, 주님께 감사드릴 수 있는 존재로 살아갈 수 있으니 말입니다.

2024년 성모성월에
최성준 이냐시오

차례

1장

인仁이란
사람을 사랑하는 것이다

『논어』「안연」 22

우리는 남이다

서로가 다르다는 것을 받아들이고, 조화를 이루어 가는 삶

"우리가 ~", "남이가!" 송년회나 신년회 같은 회식 자리마다 빠질 수 없는 것이 또 건배사입니다. 매번 기발한 구호로 멋있게 건배를 제의해야 모임의 분위기도 달아오릅니다. 수많은 건배사 중에서 모임 구성원의 단합과 일치를 위하는 자리에서 많이 들을 수 있는 것이 바로 "우리가 ~", "남이가!"라는 구호일 것입니다. 우리 공동체는 하나다, 모두 한마음으로 같은 목소리를 내며 일치단결해서 훌륭한 공동체를 만들어 보자, 이런 마음이겠지요. 하지만 우리는 엄연히 '남'입니다. 나와 네가 똑같을 수는 없지요. 내가 너와 다르고, 네가 나와 다르다는 사실을 먼저 인정해야 합니다. 무조건 나와 뜻을 같이해야 하고, 한목소리를 내야 한다고 생각하는 것은 독선적인 이기주의입니다. 나와 네가 서로 다름을 인정하는 데서 진정으로 다른 사람을 존중하는 마음이 생기고

받아들일 수 있는 것입니다. 공자께서도 이렇게 말씀하셨습니다.

> "군자는 조화를 이루려고 하지 같아지려고 하지 않으며, 소인
> 은 같아지려고 하지 조화를 이루려고 하지 않는다."[1]

군자는 각자의 의견이 다르면서도 그것을 인정하고 받아들여 서
로 조화를 이루지만, 소인은 각자 자기 이익에 맞는 사람들끼리
모여서 뭉치기는 잘하지만 조금이라도 자신에게 손해가 되거나
의견이 맞지 않으면 화합을 이루지 못한다는 말씀입니다. 여기서
일치로 나아가는 데 아주 중요한 '조화'(和)라는 개념이 나옵니
다. 조화는 고대부터 동양에서 참 중요한 개념이었습니다. 조화
는 비단 다른 사람과의 관계만을 이야기하는 것이 아니라 나 내
면의 근본 문제이기 때문입니다. 유가의 대표적인 철학서라고 할
수 있는 『중용』에서는 '조화'(和)의 의미에 대해서 이렇게 이야기
합니다.

> "희노애락과 같은 감정이 아직 내면에서 일어나지 않은 상태
> 를 중中이라 하고, 감정이 밖으로 드러나 모두 절도에 맞는 것
> 을 화和라 한다. 중中은 천하의 큰 근본이고, 화和는 천하에
> 두루 통하는 도道이다."[2]

우리 마음에서는 수많은 감정이 끊임없이 일어나고 사라집니다.

기쁘기도 하다가 화가 나기도 하고, 슬픈 감정에 휩싸이다가 어느새 즐거운 감정이 일어나기도 하지요. 그런데 그런 감정이 일어나기 전의 고요하고 맑은 마음의 상태를 '중'中이라고 합니다. 이 상태에서는 누구나 선하고 거짓이 없으며 맑습니다. 하느님의 목소리인 양심良心이라고 할 수 있지요. 이 중中의 상태를 잘 유지한다면 우리의 감정이 드러날 때 자연스레 모든 것이 절도에 맞고 조화롭게 된다는 이야기입니다. 기쁠 때 기뻐하고 슬플 때 슬퍼하는, 그야말로 거짓 없이 진실하며 모든 것이 서로 조화를 잘 이루는 상태입니다. 이런 경지를 '화'和라고 합니다.

　이야기가 너무 어렵게 갔나요? 아무튼 중요한 것은 다른 사람들과 조화를 이루며 잘 지내기 위해서는 나 자신의 마음에서 일어나는 감정이 먼저 올바른 조화(和)를 이루어야 한다는 이야기입니다. 나의 마음이 중심(中)을 잘 잡고서 모든 감정이 상황에 맞게 조화(和)를 이룰 때 우리는 다른 사람도 잘 받아들일 수 있고 조화를 이루며, 더 나아가서는 일치를 이룰 수 있다는 것이지요. 사실 우리 신앙은 세상 끝 날에 모두가 그리스도를 중심으로 하나로 일치될 것을 믿으며 희망합니다. 그러나 일치로 나아가려고 하지만 아직 때가 차지 않았기에 완전한 일치를 이루지는 못합니다. 그러기에 먼저 나와 다른 타인을 인정하고 다름을 받아들이며 서로 맞추고 조화를 이루어 나가야 할 것입니다.

"그들이 모두 하나가 되게 하소서. 아버지"(요한 17,21).

"때가 차면 이 계획이 이루어져서 하늘과 땅에 있는 모든 것이 그리스도를 머리로 하고 하나가 될 것입니다"(에페 1, 10 공동번역).

이렇게 우리는 하느님 나라가 완성될 때 이루어질 하느님과 모든 이의 완전한 일치를 희망하고 있습니다. 그리고 지금 여기에서부터 사랑하고 기도하며 일치를 이루기 위해서 노력하고 있습니다. 일치를 향한 노력은 무조건 하나의 구호를 두고 목소리를 합치는 것도 아니고, 하나의 목표를 두고 다른 이들을 끌어당기는 것도 아닐 것입니다. 먼저 다른 이를 있는 그대로 받아 주는 것, 그리고 나의 목소리나 뜻을 조금 낮추어 다른 이의 이야기를 들으며 조화를 이루는 데서 일치를 위한 노력은 시작될 것입니다. 그러면 어떻게 서로 조화를 이룰 수 있을까요? 그 방법은 노자에게서 들어 볼까 합니다. 공자와 동시대를 살면서 중국철학의 양대 산맥을 이루는 노자도 자연의 '길'(道)을 따르는 성인이라면 조화를 이루는 것이 얼마나 중요한지 강조합니다.

"그 빛을 부드럽게 하여 먼지와 하나가 된다."[3]

자신이 성인이라 하여, 다른 사람보다 덕이 뛰어나거나 재주가 많다 하여 환하게 빛을 뿜어낸다면 일반인들이 가까이 하기에는 너무 부담스러울지도 모릅니다. 자신의 밝은 빛으로 남을 눈부시게 어지럽히지 않고 적당히 빛을 낮추어 먼지나 티끌과도 같은 일반인들과 하나가 되어야 한다는 가르침은 자신이 돋보이고 남에게 인정받기를 원하는 오늘날 우리에게 시사하는 바가 큽니다. 노자의 이 구절을 접하게 되면, 우리 인간을 너무나 사랑하셔서 하느님이시면서도 먼지와 같은 나약한 존재인 인간이 되어 오신 예수님을 떠올리지 않을 수가 없습니다. 그것도 가장 낮은 자의 신분을 취하셔서 낡고 더러운 구유에 누워 계시는 아기 예수님을 보며 "화광동진"和光同塵의 가장 완벽한 형태는 바로 주님의 강생降生신비라는 것을 깨닫게 됩니다.

매일 조금씩 나의 빛을 줄이고 다른 사람들에게로 관심을 돌릴 수 있었으면 합니다. 나의 뜻에 맞춰 주기를, 내 생각대로 되기를 바라지만 말고 나와 다르다는 것을 인정하고 받아 주며 그 사람에게로 다가갈 수 있는 조화로운 삶이었으면 좋겠습니다. 나의 빛을 낮추면 비로소 다른 사람의 빛이 보일 것입니다. 나의 목소리를 줄이면 비로소 다른 이의 목소리가 들릴 것입니다.

---

1 『논어』「자로」子路 23. "君子和而不同, 小人同而不和."
2 『중용』 1. "喜怒哀樂之未發, 謂之中. 發而皆中節, 謂之和. 中也者, 天下之大本也. 和也者, 天下之達道也."
3 『노자』 56. "和其光, 同其塵."

발을 신발에
맞추지는 않는지요?

살아가면서 삼가고 경계해야 할 세 가지

매년 새해가 되면 우리는 한 해의 계획을 세우기도 하고, 한 해 동안 좋은 일만 일어나기를 기원하기도 합니다. 옛 성현들은 새해를 시작하며 항상 몸과 마음을 삼가고 경계警戒했습니다. 우리도 공자의 말씀을 들으며 살아가는 데 경계해야 할 것이 무엇인지 살펴보는 시간을 가지면 좋겠습니다.

> 공자께서 말씀하셨다. "군자에게 세 가지 경계할 것이 있으니, 젊어서는 혈기가 아직 안정되지 않았으니 경계할 것이 색色에 있고, 장성해서는 혈기가 한창 강하므로 경계할 것이 다툼(鬪)에 있으며, 늙어서는 혈기가 이미 쇠하므로 경계할 것이 소유함(得)에 있다."[1]

젊었을 땐 혈기가 아직 안정되지 않고 왕성하게 성장할 때입니다. 사춘기를 지나며 육체는 급격히 성장하지만 정신은 아직 그만큼 성숙하지 못합니다. 이성에 대한 엄청난 호기심과 사랑, 열정의 마음이 있지만 상대를 배려하거나 책임지는 사랑의 성숙까지는 이르지 못해 많은 혼란을 겪는 시기이기도 하지요. 이 말씀은 특히 요즘의 청소년이나 젊은이들에게 더 해당되는 것 같습니다. 현대사회는 성性관념이 너무 개방적이고, 사람들은 텔레비전이나 인터넷을 통해 쏟아져 나오는 선정적인 영상이나 음란물에 무방비로 노출되어 있습니다. 아이돌 스타들이 인기를 끌면서 외모 지상주의가 만연하고, 성형수술이나 다이어트, 바디프로필 찍기 등이 유행처럼 퍼집니다. 예쁘고 멋있는 외모가 이 시대의 우상처럼 섬겨지고 있습니다. 그리고 우리 아이들에게 이런 것을 부추기며 자신의 돈벌이 수단으로 삼는 사람은 어른들입니다. 매스컴을 통해 끊임없이 욕망을 부추기고, 거기에 맹목적으로 끌려가는 아이들은 아직 혈기가 안정되어 있지 않은 때입니다. 눈에 보이는 화려한 색色에 빠져 혈기를 함부로 쓰지 않도록 기성세대가 도와주어야 할 것입니다.

　장성해서는 혈기가 가장 강하기에 다툼(鬪)을 경계해야 합니다. 투鬪는 싸움, 다툼을 뜻하는 말로, 다른 이들과의 끝없는 경쟁을 말합니다. 흔히 오늘날의 세상을 전쟁터에 비유하고는 합니다. 전쟁터 같은 세상에서 살아남기 위해서, 더 행복해지기 위해서 사람들은 끝없이 경쟁합니다. 회사 동료도 이웃도 모두 나의 경쟁 상대일 뿐입니다. 늘 비교당하고 비교하는 가운데 남들보다 조금이라도 우월해야 행복을 느낍니다. 하지만 내가 아무리 잘 나가더라도 세상에는 나보다 외적 조건이 나은 사람이 있기 마련이니 비교하는 행위는 결국 열등감만 키우고 나는 불행하다는 생각만 들게 합니다. 운전을 하면서도 경쟁을 하고, 별 일 아닌 일에도 욕을 하며, 기분 좋은 술자리에서도 술을 누가 더 잘 마시느냐로 다툽니다. 심지어 교회에서 기도를 하고 봉사하는 것도 남과 비교하고 경쟁합니다. 지금 이 시대는 과열된 세상, 화가 나 있는 사회 같습니다. 두세 사람만 모여도 뒷담화, 험담을 하고 우리와 맞지 않는다고 왕따를 시킵니다. 우리는 다툼에 휩쓸리지 말아야 합니다. 이기든 지든 싸운다는 것은 결국 손해입니다. 『손자병법』에서도 싸우지 않고 이기는 것을 상책上策으로 여깁니다. 강한 혈기를 잘 다스려 다투지 않고 서로를 인정하며 조화를 이루는 것이 가장 큰 지혜입니다.

노년은 혈기가 약해지는 시기입니다. 혈기가 약해지는데 왜 얻음(得)을 경계해야 할까요? 노년은 그동안 수고한 결실을 거두며 많은 것을 소유하고 누릴 시기인데 왜 내가 얻은 것들, 소유한 것들이 경계해야 할 대상일까요? 겨울나무들을 보세요. 봄의 화사한 꽃잎도, 여름의 싱싱하게 푸르던 잎도, 가을의 풍성한 열매도 다 떨어뜨리고 마치 죽은 것처럼 딱딱한 가지만 남아 있습니다. 푸르른 나뭇잎을 아직도 가지고 있다면 어땠을까요? 혹독한 추위에 그 많은 물기가 다 얼어 터져 버렸겠지요. 그러면 나무 전체가 죽어 버릴 겁니다. 그래서 나무는 가을이 되고 날이 추워지기 시작하면 잎사귀로 들어가는 수로를 막아 버립니다. 물이 공급되지 않는 나뭇잎은 점점 마르고, 결국 떨어져 나가지요. 그 말라 가는 과정이 아름다워서 사람들은 낙엽을 보며 감탄합니다. 늦가을에 산에 가 보면 비가 오지 않았는데도 냇물이 많이 흐르는 것을 볼 수 있습니다. 산이 품고 있는 물을 흘려보내는 것입니다. 산의 나무들도 물을 내보내고, 흙이 품고 있던 물도 계속 흘려보냅니다. 겨울이 와서 나무가 얼어 터지고 땅이 갈라지지 않도록 하기 위함입니다. 내려놓고, 버리는 길만이 사는 길임을 자연은 알고 있는 것이지요. 사람만이 나이가 들수록 잘 내려놓지 못합니다. 돈이나 재산 같은 물질적인 것만이 아닙니다. 명예를 얻음에 집착해 업적을 남기고 싶어 합니다. 자신의 이름을 남기려고 돈을 쓰고 애를 쓰는 것도 소유욕의 다른 형태지요. 권위에 대한 집착도 마찬가지입니다. 나이가 많고 경륜이 쌓일수록 다른 사람의 말을 들으려 하지 않습니다. 공자는 나이 육십에 "귀가 부드러워졌다(耳順)"라고 했습니다. 지식과 경험이 쌓이고 어른이 될수록 귀가 부드러워져야 합니다. 다른 이의 목소리에 귀를 기울이고 들어 줄 수 있는 겸허함이야말로 현명한 군자의 모습이라고 할 수 있습니다. 나이가 들수록 행복은 얻는(得) 데 있는 것이 아니라 내려놓는(虛) 데 있다는 것을 깨달아야 하겠습니다.

　나의 삶에서 무엇이 주主된 것인지, 무엇이 부수적인 것인지 생각해 봅시다. 무엇이 우리 인생의 목적이며, 수단인지 살펴야 합니다. 한나라 때 『회남자』淮南子라는 책에 이런 말이 나옵니다.

"기르기 위하여 길러야 할 목적물을 해치는 것은 비유컨대 발
을 깎아 신발에 맞추고, 머리를 깎아 갓에 맞추는 것과 같다."[2]

목적이 무엇인지, 삶에서 추구해야 할 주된 것이 무엇인지 늘 생
각하며 살아야 합니다. 그렇지 않고 맹목적으로 달려 나가기만
한다면 목적은 잊고 수단만을 강조하게 될 것입니다. 주主된 것
을 등한시하고 부수적인 것에만 관심을 두게 될 것입니다. 발에
맞는 신발을 고르려 하지 않고, 신발이 하나 생겼으니 거기에 발
을 맞추려고 발을 깎아 버리는 어리석음을 저지르고 말 것입니
다. 친목 도모를 위해, 사람들과의 관계 때문에, 이런저런 봉사활
동에 얽매여서, 미사에 안 나가면 왠지 찜찜해서, 부모님께서 간
절히 원하셔서 성당에 나간다면 신발에 발을 맞추는 어리석은
사람이겠지요. 우리의 주主는 생명을 주시는 하느님입니다. 우리
삶의 목적은 하느님 나라이며, 영원한 생명을 얻는 구원입니다.

"주님께서 영원한 생명을 주는 말씀을 가지셨는데 우리가 주
님을 두고 누구를 찾아 가겠습니까?"(요한 6,68 공동번역).

---

1 『논어』「계씨」季氏 7. "君子有三戒. 少之時, 血氣未定, 戒之在色. 及其壯也, 血氣方
剛, 戒之在鬪. 及其老也, 血氣旣衰, 戒之在得."
2 『회남자』「설림훈」說林訓. "夫所以養而害所養, 譬猶削足而適履, 殺頭而便冠."

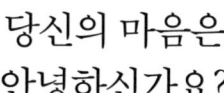

당신의 마음은
안녕하신가요?

마음 공부의 중요성

몸 건강은 그나마 눈에 보이니 챙기기가 쉽지만 눈에 보이지 않는 마음의 건강은 자칫 소홀하기 쉽고, 자기 마음이 아픈 줄도 모를 때가 많지요. 현대인들은 극심한 스트레스에 시달려 우울증이 급증하고, 그에 따른 자살도 증가하고 있습니다. 우리나라에 우울증을 앓고 있는 사람이 백만 명이 넘는다고 합니다. 자살률도 경제협력개발기구(OECD) 국가 중 최고지요. 이런 심각한 경우가 아니더라도 누구나 한 번쯤은 우울한 감정을 느끼거나 마음이 불편하고 가슴이 답답한 경우가 있을 겁니다.

당신의 마음은 안녕하신가요? 지금 여러분의 마음은 어떤 모습일까요? 하루에도 몇 번씩 들여다보는 거울처럼 우리 마음도 비춰볼 수 있는 거울이 있다면 좋겠습니다. 그 거울을 매일 들여다보며 내 마음이 어떤지, 예쁜지, 아픈지 확인할 수 있을 테니까요. 빨랫줄에 널려 바람에 나부끼는 깨끗한 흰 와이셔츠 같은 상태일 수도 있고, 구멍이 숭숭 나고 너덜거리는 더러운 걸레 같은 상태일 수도 있겠지요. 하지만 마음이란 게 눈에 보이지 않으니, 다른 사람은 물론이거니와 나조차 나의 마음 상태를 알기가 힘이 듭니다. 그래서 대부분 "내 마음 나도 몰라 ~!"라며 방치해 버리고 말지요.

옛 성현들은 마음(心)의 중요성을 일찍부터 강조했습니다. 그리고 마음이 우리 몸의 주인이며 감성뿐 아니라 의식, 이성까지도 관장한다고 여겼지요. 그러니 내 마음이 어떤 상태인지 살피는 것이 중요했고, 이 마음(心)을 잘 다스리는 것이 무엇보다 중요한 공부였습니다. 이 소중한 마음을 함부로 다루고, 잃어버리고도 찾을 생각을 하지 않는 사람들을 맹자는 한탄했습니다.

"인仁은 사람의 마음이고 의義는 사람의 길이다. 그 길을 버려두고 가지 않으며, 그 마음을 잃어버리고도(放心) 찾을 줄 모르니, 슬프도다! 사람들은 닭이나 개를 잃어버리면 찾을 줄을 알면서도 마음을 잃어버리고는 찾을 줄 모른다. 학문하는 방법은 다른 데 있는 것이 아니라, 자신의 잃어버린 마음을 찾는 것(求其放心)일 뿐이다."[1]

우리는 '방심放心했다'라는 말을 흔하게 씁니다. 바로 '마음을 잃어버렸다'는 뜻입니다. 집에서 키우는 동물이나 지갑, 휴대전화를 잃어버리면 만사를 제쳐두고 찾는 데 혈안이 되면서도 더 소중한 내 마음은 잃어버리고도 찾을 생각조차 못하는 경우가 많습니다. 어쩌면 잃어버린 줄도 모를 때가 많습니다. 그러니 자신의 잃어버린 마음을 찾는 것, 즉 "구기방심"求其放心이 중요합니다. 내 마음이 잘 있는지 돌아봐야 할 것입니다.

예부터 유가 전통에서는 인간의 마음 안에는 태어날 때부터 하늘에서 부여받은 고유한 본성(性)이 갖춰져 있다고 이야기합니다. 바로 사덕四德, 즉 인仁, 의義, 예禮, 지智입니다. 인간은 누구나 태어날 때부터 어진 마음, 타인을 사랑하는 마음을 지니고 있습니다(仁). 그리고 정의를 추구하고 불의한 일에 분노하는 마음도 있지요(義). 그리고 타인을 먼저 배려하고, 사랑이나 정의로운 마음을 겉으로 표현하는 예도 지니고 있습니다(禮). 또한 무엇이 옳고 그른지 잘 아는 지혜도 지니고 있습니다(智). 그러니 이 '마음'(心)의 능력은 얼마나 크고 위대한지 모릅니다. 마음에 '인의예지' 모든 것이 다 갖춰져 있습니다. 그리스도교에서도 마음(心)에는 하느님께서 심어 주신 선한 본성이 온전히 갖춰져 있다고 가르칩니다. 마음은 바로 하느님과 통하는 통로와 같습니다. 그래서 양심良心을 하느님의 목소리라고 하지요. 항상 내 마음이 이야기하는 소리에 귀 기울이고 잘 살펴 하느님의 뜻을 실천하는 것이 중요합니다. 맹자 또한 이렇게 강조합니다.

"자신의 마음을 보존하고(存心) 자신의 본성을 기르는 것이 하늘을 섬기는 방법이다."[2]

마음을 길에 떨어뜨려 놓아 버린 것이 '방심'放心이라면, 이 마음을 잘 간직하고 보존하는 것이 바로 '존심'存心입니다. 하늘을 섬기는 것은 다른 거창한 일이 아닙니다. 먼저 내 마음을 잘 보존하고, 나의 선한 본성을 잘 기르는 것이 바로 하느님을 섬기는 방법입니다. 그러니 시선을 안으로 돌려야 할 것입니다. 그 모든 능력은 이미 하느님께서 내가 태어날 때부터 내 안에 넣어 주셨습니다. 이미 나에게 갖춰져 있다는 것을 깨닫고, 그것을 드러내 밝히기만 하면 되겠지요. 그러니 나란 존재는 얼마나 소중한지요! 정말 중요하고 희망적인 말씀입니다.

> "선한 사람은 마음의 선한 곳간에서 선한 것을 내놓고 악한 사람은 악한 곳간에서 악한 것을 내놓습니다. 사실 마음에 그득한 것을 제 입으로 말하는 법입니다"(루카 6,45).

그러니 마음 하나 잘 붙들고 건강하게 키우는 것보다 더 중요한 것은 없습니다. 원나라 때 허형許衡이란 학자도 이렇게 이야기했습니다.

> "오만 가지 보양도 모두 헛것이니, 다만 '마음 붙드는 것'(操心)이 가장 중요하다."[3]

'조심해라', '조심해야 한다'라고 할 때 '조심'操心의 원래 의미는 마음을 잘 붙들라는 뜻입니다. 그러면 이 소중한 마음을 어떻게 잘 보존하고(存心), 잘 붙들(操心) 수 있을까요? 일단 우리의 마음에 관심을 가지고 잘 살펴봐야 하겠습니다. 그리고 하느님과 연결된 통로이기도 한 나의 마음을 잘 들여다보는 것만으로도 우리의 마음은 건강해지고 평안해집니다.

사실 우리에겐 마음을 비추어 주는 훌륭한 거울이 있습니다. 바로 '성체조배'입니다. 조용한 성당에 홀로 앉아 감실의 성체를 바라보며 심호흡을 합니다. 그리고 지금 내 마음이 어떤지, 어떤 상태인지 가만히 들여다봅니다. 굳이 감실 앞이 아니어도 됩니다. 집에서든, 조용한 공원에서든, 시끄러운 지하철에 앉아서도 괜찮습니다. 눈을 감으면 됩니다. 눈을 감으면 내 마음이 보입니다. 우선 멈춰야겠지요. 눈을 감고서 가만히 호흡을 고르면 마음이 보입니다. 그리고 그 마음을 통해 말씀하시는 하느님의 목소리에 귀를 기울여 보세요. 밖에서 매서운 바람이 휘몰아칠 때 내 마음을 먼저 살핍시다. 내 마음을 잘 가꾼다면, 그래서 내 마음이 무엇보다 아름답고 건강해진다면 아무리 모진 비바람이 불어도 따스한 마음을 지닐 수 있을 것입니다.

---

1 『맹자』「고자」告子 上 11. "仁, 人心也, 義, 人路也, 舍其路而弗由, 放其心而不知求, 哀哉! 人有雞犬放, 則知求之, 有放心而不知求. 學問之道無他, 求其放心而已矣."
2 『맹자』「진심」盡心 上 1. "存其心, 養其性, 所以事天也."
3 『허형집』許衡集「여이생」與李生. "萬般補養皆虛僞, 只有操心是要規."

물처럼 살라하네

겸손, 비움의 미학

언제부터인가 '갑질'이라는 말이 익숙한 용어가 되었습니다. 부와 권력을 거머쥔 사회 상류층, 이른바 갑甲의 횡포에 힘없고 가난한 서민들이 불이익을 당하고 상처받는 일들이 비일비재한 탓일 겁니다. '땅콩 회항 사건', '백화점 모녀 주차장 갑질 사건' 등많은 사건이 국민들의 공분을 샀습니다. '갑질'이라는 말은 국어사전에 없는 말입니다. 새로 만들어진 말이지요. 인터넷 검색창에 '갑질'이라고 입력해 보니 이렇게 정의하고 있었습니다. "갑을관계에서의 '갑'에 어떤 행동을 뜻하는 접미사인 '질'을 붙여 만든말로, 권력의 우위에 있는 갑이 권리관계에서 약자인 을에게 하는 부당 행위를 통칭하는 개념이다." 더 많이 배우고, 더 많이 가지고, 더 높은 자리에 있는 상류층의 사람들이 그보다 못하고 약한 사람들에게 자신의 힘을 과시하고 괴롭히는 모습에 씁쓸한 마음을 감출 수가 없습니다. 사회 지도층에 있으면서도 자신을 낮추어 겸손하고 온유한 어른이 참 드문 것 같습니다. 그런 어른이 더 그리워지는 시절입니다.

『효경』孝經에서 공자께서 이렇게 말씀하셨습니다.

> "윗자리에 있으면서도 교만하지 않으면, 지위가 높아도 위태롭지 않다. 절제하고 아껴 삼가 법도에 맞게 하면, 가득 차더라도 넘치지 않는다."[1]

동서고금을 불문하고 최고의 미덕은 '겸손'謙遜입니다. 겸손이란 스스로 낮춘다는 뜻입니다. 특히 동양 사회에서는 어떤 사람이 아무리 똑똑하고 훌륭한 일을 많이 하더라도 겸손하지 않으면 그 인성을 제대로 인정받지 못합니다. "벼는 익을수록 고개를 숙인다"는 속담처럼 지위가 높고 재산이 많을수록 더 요구되는 덕이 바로 겸손과 절제입니다. 옛 성현들은 자연 속에서 이런 겸손을 배웠습니다. 하늘의 도는 가득 찬 것을 싫어하고 겸손한 것을 좋아합니다. 그래서 겸손하게 행동하면 어디에 처處하든지 이롭지 않은 것이 없다고 했지요. 도가의 노자는 자신을 낮추는 겸손의 덕을 물(水)에서 찾았는데요, 물에 관한 가장 유명한 구절이 바로 『노자』8장에 나옵니다.

> "가장 선한 사람은 물과 같다. 물은 만물을 이롭게 하지만 그

들과 다투지 않으며, 주로 사람들이 싫어하는 곳에 머무른다. 그러므로 도道에 가깝다."[2]

노자는 물을 겸손의 상징으로 보았습니다. 물은 낮은 곳에 처하기 때문에 만물을 이롭게 하면서도 그 공을 다투지 않아 경지가 도道에 가깝습니다. 저는 옛날에 혼자 섬진강을 자주 찾곤 했습니다. 지리산을 감싸고 남해로 흘러내려 가는 강줄기를 보고 있노라면, 자신을 낮추어 끊임없이 아래로 내려가는 물의 '자기 낮춤'의 미덕을 생각하게 됩니다. 물은 지구상의 생명체에게 없어서는 안 될 소중한 것입니다. 살아 있는 모든 것이 생명을 유지하도록 해 줍니다. 그리고 더럽고 오염된 것을 깨끗이 씻어 주는 역할도 하지요. 노자 사상의 저변에 흐르는 중요한 덕은 이 물과 같은 겸손입니다. 물처럼 자신을 낮추어 다른 이들과 경쟁하지 않고 남보다 앞서려 하지 않으며 오히려 천하를 자기보다 앞세우는 겸손의 덕을 강조합니다. 남보다 낮추려는 노력, 하지만 그건 결국 남보다 높아지게 되는 비결이지요. 또 다른 곳에서 노자는 자신이 평생 동안 간직한 중요한 보물 세 가지에 관해 이야기합니다.

"나에게는 세 가지 보물이 있어 그것을 간직하고 보존하나니, 첫째는 자애요, 둘째는 검소(절제)요, 셋째는 감히 천하보다 앞서지 않는 것(겸손)이다."[3]

자애로운 마음(慈)은 어짊(仁)과 같고, 검소함은 절제, 의로움(義)과 통합니다. 그리고 천하보다 앞서지 않는 겸손은 바로 예의(禮)와 지혜(智)입니다. 그리고 보니 노자가 말한 세 가지 보물은 결국 인의예지仁義禮智와도 통하는군요. 이 네 가지 덕은 모두 우리 마음 안에 이미 갖춰져 있는 것이라고 앞서 말씀드렸지요? 그럼 결국 그 보물이라는 것은 내 안에 갖춰져 있고, 우리는 그것을 잘 간직하고 보존하기만 하면 되겠군요. 사실 예수님께서도 항상 우리에게 강조하셨습니다.

> "여러분 가운데서 크게 되고자 하는 사람은 여러분을 섬기는 사람이 되어야 합니다. 또한 여러분 가운데서 첫째가 되고자 하는 사람은 모든 이의 종이 되어야 합니다"(마르 10,43-44).
> "이 어린이처럼 자신을 낮추는 그런 사람이야말로 하늘나라에서 제일 큰 사람입니다. 그리고 내 이름으로 이런 어린이 하나를 받아들이는 사람은 나를 받아들이는 것입니다"(마태 18,4-5).

이쯤 되면 겸손, '자기 낮춤'의 자세가 얼마나 중요한지 잘 알 수 있습니다. 자신을 낮추는 것은 결코 자신이 못났다거나 다른 사람이 나보다 더 가치 있다는 의미가 아닙니다. 자존감, 자기를 사랑하는 마음이 없다면 결코 겸손할 수 없습니다. 그것은 겸손이 아니라 비굴하게 굴복하는 행위일 뿐이지요. 내가 정말 소중한 존재임을 안다면 내 마음은 그 무엇에도 휘둘리지 않고 자연스럽게 타인을 받아들이고 먼저 배려할 수 있을 것입니다. 그 모범을 우리는 예수 그리스도에게서 배울 수 있습니다. 돌아가신 김수환 추기경께서 하신 말씀 가운데 예수님을 대지大地에 비유하신 말씀이 있습니다.

"대지는 겸허합니다. 더 이상 내려갈 수 없을 만큼 내려 서 있습니다. 사람들의 발아래 있고 짓밟힙니다. 세상의 모든 더러움과 썩고 죽은 것까지 받아들입니다. 그리하여 대지는 부패와 죽음을 극복하고 이를 오히려 밑거름으로 삼아 새로운 생명을 낳습니다. 그리스도가 바로 이런 분이십니다."

우리도 좀 더 겸손해집시다. 스스로 자신을 낮추신 예수 그리스도처럼, 나약한 어린아이처럼, 발아래 처하는 대지大地처럼, 그리고 끝없이 아래로 내려가는 물(水)처럼 겸손해집시다. 한없이 자신을 낮추고 내려갈 때, 우리는 하늘나라에서 높이 들어 올려질 것입니다. 하느님과 사랑으로 하나가 될 것입니다.

1 『효경』3. "在上不驕, 高而不危. 制節謹度, 滿而不溢."
2 『노자』8. "上善若水. 水善利萬物而不爭, 處衆人之所惡, 故幾於道."
3 『노자』67. "我有三寶, 持而保之. 一曰慈, 二曰儉, 三曰不敢爲天下先."

우리는 십자가의 길을
걸어가고 있나요?

이익을 버리고 인의를 택한 성현들

"수난기약 다다르니, 주 예수 산에 가시어~." 사순 시기에는 미사 전 입당 성가만 들어도 감정이 북받쳐 오를 때가 많습니다. 애절한 노랫말 때문인지 장엄한 멜로디 때문인지 모르겠지만 유독 이 시기의 성가는 마음을 울리는 무언가가 있나 봅니다. 천주교 신자들은 예수님의 수난과 고통, 죽음에 대해 특히 공감하는 것 같습니다. 어쩌면 우리 삶 자체가 하나의 '십자가의 길'이어서 사순 시기가 더 깊이 와닿는 건 아닌가 하고 생각해 봅니다. 각자자기 십자가를 지고 십자가의 길을 걸어갈 수밖에 없는 인생살이가 사순 시기에 그대로 느껴지는 것인지도 모르겠습니다.

공자의 삶도 녹록지 않았습니다. 아버지는 퇴역 군인으로 64세에 무당의 딸인 17세 소녀를 세 번째 부인으로 맞았습니다. 그사이에서 공자가 태어났지요. 그리고 세 살 때 아버지가 돌아가시고 공자는 어머니와 단 둘이 가난하게 살았습니다. 열일곱 살엔 어머니마저 돌아가셨어요. 가난하고 부모도 없는 열일곱 살의 청년 공자는 홀로 일어서야 했습니다. 하지만 배움에 뜻을 두고 열심히 노력했지요. 온갖 비천한 일도 마다하지 않았습니다. 공자 스스로도 젊었을 때 미천했기 때문에 할 줄 아는 천한 일이 많다고 했습니다. 이런 공자가 노나라의 작은 관직을 시작으로 나중에는 재상의 자리에까지 올랐습니다. 정치를 잘해 노나라의 힘도 강해졌고 이 시기에 제자도 많이 생겼습니다. 그런데 노나라의 군주와 실권자들이 불의한 일을 저지르는 사건이 발생했습니다. 이에 공자는 미련 없이 재상의 자리를 버리고 노나라를 떠납니다. 그의 나이 쉰다섯이었습니다. 그때부터 공자는 제자들과 함께 14년 동안 일곱 나라를 다니며 자신의 뜻을 받아 줄 군주를 찾아다녔습니다. 그 유명한 "주유열국"周遊列國의 시기였지요.

사실 공자가 편한 길을 택했다면 재상의 자리에서 적당히 타협하면서 편하게 부를 누리며 살 수도 있었을 것입니다. 하지만 공자는 이익(利)을 택하지 않고 평생 자신이 추구한 인의仁義를 선택했습니다. 공자는 예순여덟의 나이가 되어서야 늙은 몸을 이끌고 고향 땅으로 돌아올 수 있었지요. 이익을 추구하는 길과 인의를 따르는 길 가운데서 공자는 조금의 주저함도 없이 이익을 추구하는 길을 버리고 인의를 따르는 길을 갔습니다. 공자 이후, 이익을 버리고 인의를 택하는 삶은 그의 뒤를 따르는 모든 유학자가 가야 할 길이 되었습니다. 맹자도 마찬가지였습니다. 방대한 분량의 책『맹자』의 첫 대목은 다음과 같습니다.

> 맹자가 양혜왕을 만나니 왕이 말하였다. "선생님께서 천리 길
> 을 멀다 않고 오셨으니, 장차 내 나라에 이익이 있겠습니까?"
> 그러자 맹자가 대답했다. "왕은 어찌 이익을 말씀하십니까? 인
> 仁과 의義가 있을 따름입니다."[1]

그 유명한 맹자라는 선생님이 자기 나라를 방문한다고 하니 왕
이 기쁜 마음으로 맞이했습니다. 선생이 자기 나라를 찾아왔으니
얼마나 큰 이익이 있겠느냐며 기뻐했습니다. 하지만 맹자의 대답
은 단호했지요. "왜 하필이면 이익을 이야기하십니까? 가장 중요
한 것은 어진 마음과 의로움입니다." 그러면서 덧붙이기를, "나라
의 왕이 이익을 추구하면 그 밑의 대부도 이익만 좇으며, 그러면
그 밑의 하급 관리와 서민들도 모두 이익만 좇으며 살게 됩니다.
그렇게 되면 결국 나라 전체가 위태로워질 것입니다."

　　이천 년이 훨씬 지난 오늘날 우리에게도 의미 있게 와닿는
내용입니다. 국가는 자국의 이익만을 위해서 모든 것을 쏟아붓
고, 정치인들은 자신의 이익만 추구하며, 기업은 기업의 이익만
따지고, 국민은 개인과 자기 집안의 이익만을 추구하며 살아갑니
다. 더 많은 이익을 차지하기 위해서 아이들은 어릴 때부터 무한
경쟁에 시달려야 하지요. 신자유주의 경제체제 안에서 우리는 태
어나 죽을 때까지 경쟁에 내몰리며 이익만을 추구하며 살아갑니

다. 하지만 이익을 얻는 만큼 행복이 따라오지는 않습니다.

공자의 제자 가운데 공자가 가장 사랑한 제자가 있었습니다. 안연입니다. 그는 정말 가난하게 살았지만 개의치 않고 학문을 배우고 덕을 실천하는 데 큰 기쁨을 느끼며 잠시도 소홀하거나 게을리하지 않았다고 합니다. 하지만 안타깝게도 젊은 나이에 스승인 공자보다 먼저 죽었죠. 『논어』에 이런 이야기가 나옵니다.

> 안연이 인仁에 대하여 묻자, 공자께서 말씀하셨다. "자신을 이겨 예를 회복하는 것이 인仁을 행하는 것이다."[2]

공자의 가르침 가운데 가장 핵심은 어진 마음, 즉 인仁입니다. 하지만 그 인에 관해 누구도 자세히 알지 못했습니다. 그래서 어느 날 제자 안연이 공자에게 인에 관해 물었습니다. 그러자 공자는 인이 무엇인지는 직접 가르쳐 주지 않고 '인을 행하는 것'(爲仁)에 관해 말해 줍니다. "극기복례가 바로 인을 행하는 것이다." '극기복례'克己復禮, 자기를 이겨 예를 회복한다. 즉, 공자는 자신의 욕심, 아집, 이기심 등을 이겨 내어 자기 안에 있는 타인을 먼저 배려하는 마음, 양보하고 겸손하며 사랑의 마음을 드러내는 예禮를 다시 살리는 것이 바로 인을 행하는 것이라고 가르쳐 줍니다. 이것은 무조건 자기를 억누르고 억지로 예를 차리는 것을 말하지 않습니다. 오히려 자기 안에 있는 원래의 선한 마음, 타인을 사랑하는 마음, 자신을 낮추는 겸손의 마음을 회복하기 위해 자신을 단단히 싸고 있는 껍질 같은 이기심을 극복하고 깨부수는 것입니다. 결국 예수님께서 누누이 당부하신 말씀과도 같습니다.

"누가 내 뒤를 따라오려면 자기 자신을 버리고 제 십자가를 지고 나를 따라야 합니다"(마태 16,24).

안연은 스승의 가르침을 들으면 바로 그날 그것을 실천하려고 노력했다고 합니다. 머리로만 알고 넘어가지 않고 직접 몸으로 실천해야 진정으로 그것을 '안다'고 했습니다. 이른바 '체득'體得했다는 말이 그것입니다. 머리로만 이해하고 아는 것이 아니라 내 온몸으로 받아들이고 실천하는 삶을 살 때 비로소 우리는 체득했다고 이야기할 수 있습니다.

우리도 예수님의 말씀처럼 나를 버리고 내 십자가를 지고 이 길을 걸어갑시다. 이익을 추구하는 삶의 길이 아니라 욕심을 버리고 올바른 가치를 찾아 나가는 길을 걸어갑시다. 하지만 이 길은 결코 외롭고 힘든 길만은 아닙니다. 주님께서 앞서 걸어가셨고, 주위의 많은 이가 함께 걸어가는 길입니다. 내가 가는 길이 험하고 고달프고 외롭더라도 앞서 가시는 주님을 바라보며 같은 길을 가는 동료, 이웃들과 함께 이 십자가의 길을 걸어갑시다.

1 『맹자』「양혜왕」梁惠王 上 1. "孟子見梁惠王. 王曰, 叟! 不遠千里而來, 亦將有以利吾國乎? 孟子對曰, 王何必曰利? 亦有仁義而已矣."
2 『논어』「안연」顏淵 1. "顏淵問仁. 子曰, 克己復禮爲仁."

삶을 즐기는 경지

생명을 좋아하는 단계를 넘어 삶을 즐기는 경지로 나아가기

오랜 중국 생활 동안 제가 가장 그리워했던 것은 한국의 자연이
었습니다. 푸르른 나무숲과 풀과 야생화가 지천에 피어 있는 한
국의 산이 그리웠죠. 그래서 한국에 돌아와서는 거의 매주 산에
갔었습니다. 가까이 있을 때는 알지 못했는데 떠나 보니 그 소중
함을 알게 된 것이지요. 산에 가면 꽃과 나무의 변화가 확연히 눈
에 들어옵니다. 겨우내 죽은 듯 마른 가지에서 새순이 돋고 잎이
무성해져 신록이 우거지고, 온갖 꽃이 철따라 피고 지기를 되풀
이하는 모습을 보면 모든 살아 있는 것, 생명 자체가 참으로 경이
롭고 아름답고 신비합니다. 동양철학에서도 우주의 기본 원리는
만물을 낳고 살리는 데 있다고 했습니다. 『주역』周易에 이런 구절
이 있습니다. "(만물을) 살리고 살리는 것을 일러 역易이라고 한
다."[1] 작은 풀 한 포기, 꽃 한 송이도 생명을 얻어 잘 자라도록 도

와주고 살리는 것이 자연의 본성입니다. 그러니 자연을 바라보면 자연스레 삶에 대한 예찬이 터져 나옵니다. 산다는 건 얼마나 행복하고 감사한 일인지 모릅니다. 여러분은 이 아름다운 삶을 충분히 즐기고 계신가요? 공자께서 이런 말씀을 하셨습니다.

> "아는 것은 좋아하는 것만 못하고, 좋아하는 것은 즐기는 것만 못하다."[2]

공자는 무언가에 대해서 알아 가는 단계와 그것을 좋아하는 단계 그리고 그 속에서 즐기는 단계를 구분합니다. 예를 들어 볼까요? 클래식 음악에 관심이 있는 사람은 일단 클래식 음악에 대해 배워 나갑니다. 관현악은 어떻고 작곡가는 어떤 사람들이 있는지, 시대별로 어떤 사조가 유행하는지, 지휘자와 연주자에 따라 어떻게 곡 해석이 달라지는지 등 많은 것을 알아 가지요. 하지만 단순히 클래식 음악에 대한 지식을 쌓아 나가기만 하는 사람은 클래식 음악을 좋아하는 사람에 미치지 못합니다. 클래식 음악을 좋아하는 사람은 지식을 쌓아 나가는 것은 물론, 자주 음악을 듣고 연주회를 찾아다니며, 특별히 좋아하는 지휘자나 악단의 음악을 골라 듣기도 하면서 애호가가 됩니다. 그런데 좋아하는 사람도 진정으로 즐기는 사람에 미치지 못합니다. 좋아서 찾아다니며 음악을 듣던 단계를 넘어서면 이젠 그 음악에 푹 빠져 즐길 수 있는 경지에 이릅니다. 굳이 누구의 작품인지 언제 리코딩한 것인지 따지지 않고 일상 속에 클래식 음악이 녹아들지요. 우리말에는 '즐긴다'는 표현이 부정적인 의미로도 많이 사용되어 진정한 의미가 퇴색되기도 했지만, 여기서 즐긴다는 것은 그 속에서 혼연히 하나 되어 즐거워하는 경지입니다. 우리네 신앙의 삶도 마찬가지입니다. 하느님을 알아 가고 신앙을 배워 나가는 경지에서 더 나아가 하느님을 참으로 사랑하고 신앙생활을 좋아해서 기쁘게 봉사하며 사는 경지에 이릅니다. 더 나아가 하느님 안에서 어린아이처럼 노닐며 나에게 주어진 삶을 기쁘게 즐기는 것은 얼마나 높은 경지인지 모릅니다. 성무일도를 하다 보면 유독 마음에 들어오는 구절이 있습니다. 그 가운데 이런 표현이 있지요.

"주께서 당신 백성의 귀양을 풀어 주실 그때, 야곱이 춤을 추리라 이스라엘이 봄놀으리라"(시편 14,7).

이 구절은 돌아가신 최민순 신부님의 번역인데요. 시인 신부님의 감성이 돋보이는 부분입니다. 여기서 '봄놀다'라는 표현은 '뛰놀다'의 옛말이지요. 그런데 말이 참 재미있어요. 예전에 고된 시집살이를 하던 여인들이 일 년에 하루쯤 봄놀이 나가는 모습을 보고 '봄놀다'라고 표현했답니다. 봄나들이를 나와 꽃구경도 하고 기뻐 뛰어노는 모습이 눈에 선합니다. 우리는 지금 귀양살이를 하는 것도 아닌데, 주님의 사랑 안에서 자유로운데, 삶에 감사하고 기뻐하는 모습이 부족한 건 아닌지 모르겠어요.

때로 현실이 팍팍하고 고생스럽더라도, 병의 고통 중에 있다 하더라도, 이별의 슬픔에 아파하더라도 우리는 살아 있잖아요. 하느님께서 주신 생명을 누리고 있잖아요. 그러니 기뻐했으면 좋겠습니다. 살아 있음에 감사하며 이 공기를 마시고, 이 자연 속에 살아감에 봄눌았으면 좋겠습니다. 인간에게는 어디에도 구속되지 않는 자유로운 정신의 경지가 있으니까요. 하느님과 맞닿을 수 있는 마음이 있으니까요. 그런 마음으로 삶을 제대로 알고 삶을 좋아하는 단계를 지나 삶을 즐기는 경지가 되어야겠지요. 어디에도 구속되지 않는 인간의 자유로운 정신의 절대 경지를 노래한 인물이 있습니다. 바로 장자입니다. 그는 주로 우화를 이용해 자기 사상을 풀어갔는데, 『장자』에 이런 이야기가 있습니다.

"혜자惠子가 양나라의 재상으로 있을 때, 장자가 그를 찾아 양나라에 왔습니다. 그런데 어떤 이가 혜자에게, '장자가 와서 당신 재상 자리를 노린답니다'라고 했습니다. 이에 혜자는 두려워 사흘 동안 장자를 찾아 온 나라를 뒤졌습니다. (이 사실을 안) 장자가 혜자를 찾아가 이런 이야기를 했다고 합니다. '남쪽에 새 한 마리가 있는데 이름이 원추라고 합니다. 당신은 그걸 아시오? 이 원추는 남해에서 출발하여 북해로 날아가지만, 오동나무가 아니면 내려와 앉지를 않고, 대나무 열매가 아니면 먹지를 않으며, 감로수가 아니면 마시지 않소. 그런데 여기 썩은 쥐를 얻은 올빼미가 있다가 원추가 지나가니까 혹 쥐를 빼앗길까 싶어 위를 올려다보며 꽥 하고 소리를 질렀다는 거요. 지금 당신도 양나라 벼슬자리를 빼앗길까 봐 두려워 내게 꽥 하고 소리를 지를 건가요?'"[3]

'원추'라는 이름의 새는 봉황의 일종입니다. 높은 이상을 지니고 절대 자유의 경지를 노니는 봉황이 썩은 쥐를 탐할 리가 없겠지요. 하지만 세상에서 아등바등하며 자기 밥그릇 챙기기에 바쁜 이들은 누구에게 그걸 빼앗길까 봐 전전긍긍합니다. 우리도 살아가는 데 바빠서, 눈앞의 이익 챙기기에만 급급해서 원래 지니고 있던 자유로움을 많이 잃어버린 건 아닐까요? 봉황처럼 하늘 높이 훨훨 날며 삶을 즐기던 방법을 잊어버린 건 아닐까요?

우리는 꽃이 화려하게 피고 나무도 신록을 더해 가는 아름다운 봄날에 부활 시기를 보냅니다. 우리는 죽음을 이기고 영원한 생명을 여신 예수님과 더불어 삶을 즐길 수 있어야 하겠습니다. 주님은 생명을 주신 분이며 영원한 생명 그 자체이십니다. 그러니 우리도 영원을 내다보며 지금의 삶을 기쁘게 즐겨야 하겠습니다.

"나는 길이요 진리요 생명입니다"(요한 14, 6).

1 『주역』「계사전」繫辭傳 上 5. "生生之謂易."
2 『논어』「옹야」雍也 19. "知之者不如好之者, 好之者不如樂之者."
3 『장자』「추수」秋水 17.

사랑하지 않는 자는
하느님을 모릅니다 (1요한 4,8)

사랑의 의미

예전에 서점에서 책을 고르다가 『지금 사랑하지 않는 자, 모두 유죄』라는 제목의 책이 눈에 띄었습니다. 어느 방송 작가의 수필이었습니다. 책을 읽어 보지는 못했지만 그 제목만으로도 생각할 바가 많았습니다. "나는 지금 사랑하고 있는가?" 머리를 한 대 얻어맞은 느낌이었습니다.

"사랑하는 여러분, 서로 사랑합시다. 사실 사랑은 하느님으로부터 오고 사랑하는 모든 이는 하느님에게서 났고 하느님을 알기 때문입니다. 사랑하지 않는 자는 하느님을 모릅니다. 하느님은 사랑이시기 때문입니다"(1요한 4,7-8).
"내가 여러분을 사랑한 것처럼 여러분도 서로 사랑하시오"(요한 15,12).

사실 그리스도인으로 살아가면서 서로 사랑해야 한다는 건 누구나 잘 압니다. 하느님을 사랑하는 것과 이웃을 사랑하는 것이 모든 계명의 핵심이라는 것, 그러기에 사랑하라는 말씀은 예수님께서 우리에게 남겨 주신 유언과 같은 것이겠지요. 그러니 사랑하라는 말씀의 중요성을 모르는 그리스도인은 없을 겁니다. 하지만 나는 '지금' 사랑을 실천하고 있는지요? 눈을 감고 사랑하는 사람을 한번 떠올려 보세요. 누가 떠오르나요? 부모님, 자녀, 배우자나 연인, 친구 …, 이들을 사랑한다는 건 알지만 과연 그 사랑을 늘 느끼며 살아가고 있나요?

어느 날 번지樊遲라는 제자가 공자에게 인仁에 관해 물었을 때, 공자는 이렇게 말합니다. 인仁이란 "사람을 사랑하는 것이다."[1] 이렇게도 이야기합니다. "인仁은 사람이다."[2] 인이란, 사람이라면 누구나 지닌 본성이라는 이야기죠. 그리고 누구에게나 있는 그 인이란 결국 사람을 사랑하는 것이라는 말입니다. 이러한 사랑은 계산하지 않는 순수한 마음입니다. 사랑하는 마음에 계산적인 생각이 들어간다면 그것은 인간 본성에서 나오는 순수한 사랑이 아니라 이기심이나 욕심에 오염되어 버린 상태일 것입니다.

흔히 우리는 조건 없는 사랑, 무차별적인 사랑을 이야기하지만, 사실 유가에서 말하는 사랑은 차별적인 사랑입니다. "친친"親親, 즉 친한 사람을 친애하는 것으로 나와 가장 가까운 이를 먼저 사랑하는 것입니다. 거기서 그 사랑을 확장시켜 다른 사람에게로 넓혀 나가는 것이지요. 다른 이보다 나의 부모님을 사랑하는 마음이 더 큰 것이 인지상정人之常情입니다. 하지만 내 부모님을 사랑하는 데 머물지 않고 나아가 다른 이의 부모님도 공경하는 것입니다. 내 아이를 사랑하는 마음이 다른 아이를 챙겨 주는 마음보다 더 애틋할 수밖에 없습니다. 하지만 거기서 더 나아가 다른 이의 아이까지도 사랑으로 대해 주는 것이 사랑의 확장입니다.

이처럼 '사랑'은 모든 관계의 근본 뿌리(本)입니다. 이 뿌리에서 다른 모든 감정이나 관계가 뻗어 나갑니다. 『대학』大學에 "물유본말"物有本末이라는 말이 있습니다. 모든 사물에는 근본 뿌리(本)가 있고, 가지와 나뭇잎 같은 말단(末)이 있다는 말입니다. 뿌리가 튼튼해야 줄기와 잎, 꽃, 열매 같은 것들이 무성하게 자랄 수 있는 것처럼, 근본이 바로 서야 말단도 제 역할을 할 수 있는 법입니다. 사람에게 가장 근본은 바로 '사랑'입니다. 사랑하는 마음이 제대로 갖춰질 때, 사랑으로 관계가 제대로 맺어져 있을 때 비로소 다른 사람과의 올바른 관계가 이루어지는 것입니다.

> "나는 포도나무요 여러분은 가지들입니다. 가지가 포도나무에 붙어 있지 않으면 스스로 열매를 맺을 수 없는 것처럼, 여러분도 내 안에 머물지 않으면 열매를 맺을 수 없을 것입니다"
> (요한 15,4-5).

가지인 우리는 포도나무이신 예수님의 사랑 안에 머물러야만 생명을 유지하며 열매를 맺을 수 있습니다. 포도나무에 붙어 있다는 것은 결국 사랑을 실천하며 산다는 말입니다. 그러니 근본을 바로 세워야 하겠습니다. 사랑을 실천해야 합니다. 그렇다면 어떻게 사랑해야 할까요?『장자』에 이런 이야기가 있습니다.

"너는 들어 보지 못했느냐? 옛날에 바닷새가 노나라 서울 밖에 날아와 앉았다. 노나라 임금은 이 새를 친히 종묘 안으로 데려와 술을 권하고, 아름다운 궁중 음악을 연주해 주고, 소와 돼지와 양을 잡아 대접했다. 그러나 새는 어리둥절해하고 슬퍼할 뿐, 고기 한 점 먹지 않고 술도 한 잔 마시지 않은 채 사흘 만에 죽어 버리고 말았다. 이것은 사람을 기르는 방법으로 새를 기른 것이지, 새를 기르는 방법으로 새를 기르지 않은 것이다."[3]

이 이야기를 들으면 누구나 노나라 임금의 바보스러움에 조소를 금치 못할 것입니다. 하지만 우리도 다른 사람을 사랑하는 데 있어서 자주 이런 잘못을 저지르곤 합니다. 상대가 원하고 상대에게 맞는 방식으로 사랑하지 않고, 내가 원하는 대로, 내게 맞는 방식으로 사랑을 베풀고는 거기에 호응해 주지 않는다고 화를 내거나 실망합니다. 부모 욕심대로 아이들을 키우면서 이 모든 것이 결국 아이를 위한 것이라고 말합니다. 아이가 진정으로 원하는 것이 무엇인지에 대해서는 별로 관심도 주지 않지요. 사람 관계가 다 그렇습니다. 내 기준으로 베푸는 사랑이 아니라 상대의 입장에서 생각하는 사랑이 필요합니다. 그러니 나의 입장에서 상대를 바라보는 것이 아니라 상대의 마음은 어떠할지 헤아려 보는 것이 중요합니다. 그래서 공자도 인仁을 실천하는 방법으로 가장 중시한 것이 바로 '서'恕입니다. 이 '서'자의 한자를 풀어 보면, 같을 여如 자에 마음 심心 자입니다. '마음을 같이한다'는 뜻입니다. '너의 마음을 헤아려 보고 내 마음을 너의 마음과 같게 한다'라는 뜻이 담겨 있습니다.

"자공이 공자께 여쭈었다. '한 마디 말로 종신토록 행할 만한 것이 과연 있겠습니까?' 공자께서 말씀하셨다. '서恕, 그 한 마디일 것이다. 내가 원하지 않는 것은 남에게도 베풀지 말라.'"⁴

예수님의 마음은 사랑입니다. 그러기에 예수님의 마음을 닮는다는 것은 바로 사랑하는 것입니다. 여러분은 지금 사랑하고 있습니까? "지금 사랑하지 않는 자, 모두 유죄"라는 어느 작가의 표현처럼, 지금 우리가 사랑을 실천하지 않고 있다면 모두 주님 앞에서 죄를 짓고 있는 게 아닐까요?

1 『논어』「안연」顔淵 22. "樊遲問仁, 子曰, 愛人."
2 『중용』 20. "仁者, 人也."
3 『장자』「지락」至樂 8.
4 『논어』「위령공」衛靈公 24. "子貢問曰, 有一言而可以終身行之者乎? 子曰, 其恕乎! 己所不欲, 勿施於人."

지금 내가 서 있는 곳은
어디입니까?

상대방의 입장에 서서 배려하는 삶의 즐거움

찜통 같은 더위가 계속되는 여름에는 불쾌지수도 높아 괜히 옆 사람에게 짜증을 내기도 하지요. 이렇게 곁에 있는 사람의 체온마저 싫은 더운 날에는 신영복 선생의 글 한 구절이 생각납니다. 선생의 책 『감옥으로부터의 사색』에 이런 글이 있습니다.

"없는 사람이 살기는 겨울보다 여름이 낫다고 하지만 교도소의 우리는 없이 살기는 더합니다만 차라리 겨울을 택합니다. 여름 징역은 자기의 바로 옆 사람을 증오하게 한다는 사실 때문입니다. 모로 누워 칼잠을 자야 하는 좁은 잠자리는 옆 사람을 단지 섭씨 37도의 열 덩어리로만 느끼게 합니다. 이것은 옆 사람의 체온으로 추위를 이겨 나가는 겨울철의 원시적 우정과는 극명한 대조를 이루는 형벌 중의 형벌입니다."

사람 사이의 관계가 여름의 감옥살이처럼 내 옆의 존재를 힘들어하거나 미워하지 않았으면 좋겠다는 생각을 해 봅니다. 오히려 겨울처럼 내 옆에 있는 사람이 소중하고 고맙게 여겨졌으면 좋겠습니다. 이렇게 사람과 사람 사이의 '관계 맺음'이 얼마나 중요한지 모릅니다. 그리고 그 관계를 잘 유지해 나가는 것도 중요합니다. 나와 너의 관계를 바르게 이어 나가기 위해서는 상대방의 입장을 헤아릴 줄 알아야 합니다. 우리는 상대방이 자신의 주장만 고집하며 남을 배려하지 않을 때, 흔히 "입장 바꿔서 한번 생각해 봐"라고 말합니다.

'입장'立場, '내가 서 있는 자리'라는 뜻입니다. '처지'處地라는 말로 바꿔 쓰곤 하지만 같은 뜻입니다. 누구나 자기가 서 있는 자리가 있습니다. 내가 지금의 나이게 하는 곳, 내 존재 자체가 현존하는 장소입니다. 입장을 바꾼다는 것은 내가 있는 자리를 떠나 당신이 서 있는 자리에 가 보는 것을 의미합니다. 입장이 바뀜에 따라서 관점觀點도 바뀌고 시각視角도 달라집니다. 당신의 자리에 서서, 당신의 입장에서 보고, 당신의 마음이 되어 보는 것입니다. 앞에서 인仁을 실천하는 가장 기본 덕목으로 '서'恕에 관해 말했습니다. 다른 사람의 마음을 헤아려 내 마음처럼 여기는 것이었지요. 『논어』의 다른 곳에서 공자는 이런 말도 합니다.

"무릇 어진 사람은 자기가 (바로) 서고자 하면 남도 서게 해 주고, 자기가 달성하고자 하면 남도 달성하게 해 준다."[1]

"사람들이 여러분을 위해 해 주기 바라는 것을 그대로 그들에게 해 주시오. 이것이 율법과 예언자들의 정신입니다"(마태 7,12).

"역지사지"易地思之라는 말도 있지요. '자리를 바꿔 생각해 본다'는 말입니다. 여기에도 '자리'라는 말이 나옵니다. 결국 내가 발 딛고 서 있는 곳, 내가 살아가는 터전이 중요합니다. 그렇다면 나는 지금 어디에 서 있습니까? 내가 있는 '자리'가 결국 나를 결정합니다. 내가 어떤 자리에 있느냐에 따라 나의 입장이 정해지고, 관점이 서고, 세상을 보는 시각이 결정됩니다. 그리고 타인과 참된 관계를 이루기 위해서는 내가 서 있는 자리를 떠나, 타인이 서 있는 곳으로 가 봐야 합니다. 거기 서서 그 사람의 입장이 어떤지, 그 사람의 시각으로 바라보면 어떻게 보이는지 알아야 합니다. 그래야 그 사람의 마음을 이해하고, 그 사람의 마음과 같아질 수 있습니다(恕). 이러한 전형을 보여 주신 분이 계십니다.

"말씀이 하느님과 함께 계셨으니 그 말씀은 하느님이셨다. 말씀이 육신이 되시어 우리 가운데서 거처하셨다"(요한 1,1.14).

하느님께서 당신의 자리를 떠나 우리 인간의 자리로 오셨습니다. 바로 예수님이십니다. 그러니 강생의 신비는 사랑의 절정이요, 사랑의 완벽한 구현입니다. 우리도 우리가 서 있는 자리를 떠나 사랑하는 사람의 자리에 서 보는 건 어떨까요? 박노해 시인의 「발바닥 사랑」이란 시는 우리의 사랑이 머리나 말로만 하는 사랑이 아니라 발바닥으로 직접 찾아가야 하는 사랑임을 잘 표현하고 있습니다.

사랑은 발바닥이다

머리는 너무 빨리 돌아가고
생각은 너무 쉽게 뒤바뀌고
마음은 날씨보다 변덕스럽다

사람은 자신의 발이 그리로 가면
머리도 가슴도 함께 따라가지 않을 수 없으니

발바닥이 가는 대로 생각하게 되고
발바닥이 이어주는 대로 만나게 되고
그 인연에 따라 삶 또한 달라지리니

현장에 딛고 선 나의 발바닥
대지와 입맞춤하는 나의 발바닥
내 두 발에 찍힌 사랑의 입맞춤
그 영혼의 낙인이 바로 나이니

그리하여 우리 최후의 날
하늘은 단 한 가지만을 요구하리니
어디 너의 발바닥 사랑을 좀 보자꾸나

_ 박노해 시집『그러니 그대 사라지지 말아라』(느린걸음 2010) 중에서

우리가 서 있는 자리를 떠난다는 것은 일단 불편합니다. 그래서 여기를 떠나 저기로 가기 싫어합니다. 사람은 누구나 자기중심적으로 생각하기 마련입니다. 그게 편하지요. 세상은 나를 중심으로 움직입니다. 다른 사람의 입장이 되어 본다는 것 자체가 불편합니다. 하지만 그렇게 시도해 봄으로써 우리는 다른 사람의 입장을 이해하게 되고, 그들의 처지에 공감하고 연대할 수 있게 됩니다. 입장을 바꾸지 않으려 하고 자기 자리만 고집하며 그 안에서 혼자 편안히 살기를 바란다면 우리는 '우물 안의 개구리'가 되고 말 것입니다.

『장자』에 나오는 이야기입니다.[2] 낡은 우물 안에 사는 개구리는 자기가 사는 우물 안이 너무 좋습니다. 물도 깊지 않고 안전합니다. 그 안에서 개구리는 자신만의 왕국을 이루어 행복해하며 동해에서 온 거북이에게 자랑을 합니다. 하지만 그 좁은 우물에 거북이가 들어가다가 발이 걸려 꼼짝도 못했지요. 거북이는 '바다'라는 것에 대해 개구리에게 이야기해 줍니다. 천 리 거리로도 그 크기를 말할 수 없고 천 길 길이로도 그 깊이를 말할 수 없는

바다, 홍수가 나도 넘치지 않고 가뭄이 들어도 줄어드는 법이 없는 엄청난 바다에 대해서 이야기해 주지만 우물 안의 개구리는 알아듣지도 못하지요.

허물어져 가는 우물 안에 갇혀 지내지 말고 과감히 내가 서 있는 자리를 떠나 타인의 자리로 옮겨 가 봅시다. 나보다 더 낮은 자리, 더 불편한 자리로 옮겨 거기서 살아가는 사람들의 마음을 헤아려 봅시다. 남편은 아내의 입장에, 시어머니는 며느리의 입장에, 부모는 자식의 입장에 서 봅시다. 외국인 노동자, 다문화 가정, 장애인의 자리에도 가 보고 혼자 외로이 사는 이웃의 노인, 사고로 자식을 잃고 절망에 빠져 있는 이들의 처지에 들어가 봅시다. 그들의 자리에 서 볼 때, 우리가 할 수 있는 일들이 보일 것입니다. 먼저 다른 사람의 입장이 되어 생각해 보고 배려하는 작은 행동에서 우리는 성덕으로 나아갈 수 있을 것입니다. 내 입장만 고집할 때는 느껴 보지 못한 참행복을 알게 될 것입니다.

1 『논어』「옹야」雍也 29. "夫仁者, 己欲立而立人, 己欲達而達人."
2 『장자』「추수」秋水 2; 14 참조.

진정한 리더

2천 6백 년 전의 초나라 장왕에게서 배우는 리더의 덕목

중국 춘추시대 춘추오패春秋五覇의 한 명인 초楚나라 장왕莊王에 대해 이야기해 볼까 합니다. 장왕은 왕위에 오르고 나서 삼 년 동안 정사는 돌보지 않고 밤낮으로 향락을 일삼았으며 온 나라 사람들에게 명하기를, 왕의 이런 행동을 간언하면 사형에 처하겠다고 했습니다. 하지만 신하 가운데 오거伍擧라는 자가 왕에게 나아가 말했습니다. "수수께끼 하나를 내겠습니다. 새가 언덕에 앉아 있는데, 삼 년 동안 날지도 않고 울지도 않으니 이것은 무슨 새입니까?" 그러자 장왕이 말했습니다. "삼 년 동안 날지 않았으나, 날면 하늘로 치솟아 오를 것이고, 삼 년 동안 울지도 않았으나, 울면 사람을 놀라게 할 것이다. 오거, 그대는 물러갈지니 너의 말뜻을 알겠도다." 그리고도 몇 달이 지나도록 장왕의 향락은 그치지 않고 더욱 심해졌습니다. 그래서 대부 소종蘇從이 죽기를 각오하

고 왕에게 간언을 하자 왕은 드디어 향락을 그만두고 정사를 돌보기 시작했습니다. 그리고 그동안 왕 옆에서 온갖 아첨을 일삼던 무리들을 모두 제거하고 오거와 소종을 임명하여 국정을 다스리게 했습니다. 죽음을 각오하고서라도 왕에게 바른 소리를 할 수 있는 충신을 찾아 기다린 것이지요. 이때부터 초나라는 주위의 수많은 나라와 오랑캐를 정복하고 춘추시대의 패자覇者, 즉 으뜸으로 그 자리를 굳혔습니다.[1] 여기서 "불비불명"不飛不鳴이라는 사자성어가 나왔습니다.

한번은 장왕이 전쟁에서 돌아온 장수들을 위해 성대한 연회를 베풀었습니다. 밤늦도록 잔치가 계속되었는데, 갑자기 광풍이 불어 촛불이 모두 꺼지고 말았습니다. 순간 주위가 칠흑같이 어두워졌지요. 그때 갑자기 왕의 총애를 받던 여인이 비명을 질렀습니다. "전하, 지금 누가 어둠을 틈타 저를 희롱하였습니다. 하지만 다행히 제가 그자의 갓끈을 뜯어 버렸으니 어서 불을 밝혀 범인을 잡아 주십시오." 그러나 장왕은 촛불을 켜지 못하게 하고는 연회에 참석한 모든 이에게 갓끈을 잡아 뜯어 버리라고 명령했습니다. 나중에 불이 밝혀졌지만 모든 사람의 갓끈이 끊어져 있었기에 범인을 찾아낼 수는 없었습니다. 사건은 그렇게 일단락되었지요. 그리고 삼 년 후 초나라는 진晉나라와 전쟁을 벌였습니다. 그런데 유독 죽음을 무릅쓰고 싸운 한 장수 덕분에 초나라는 큰 승리를 거둘 수 있었습니다. 왕이 참으로 대견하여 그 장수를 불러 큰 상을 내리려고 했으나 장수는 오히려 왕 앞에 무릎을

끊고 자신이 예전 연회 때 술에 취해 왕의 여인을 희롱했던 자라고 실토했습니다. 그때 자신을 용서해 준 왕에게 그 은혜를 잊지 않고 보답하고 싶어 죽기를 각오하고 전쟁에 임했다는 것이었습니다.[2] 그때 왕이 분노를 참지 못하고 범인을 색출해 죽였다면 이런 명장을 얻을 수 없었겠지요. 여기서 나온 말이 "절영지연"絶纓之宴입니다.

또 이런 일도 있었습니다. 어느 날 장왕이 급한 일로 태자를 궁으로 불렀습니다. 태자는 급하게 마차를 달려 궁에 도착했습니다. 그런데 급한 마음에 마차를 멈추지 않고 그대로 궁 안으로 들어섰습니다. 그때 형법을 관장하던 관리가 태자의 마차를 가로막고 세웠습니다. 마차를 타고 궁 안으로 들어올 수 없다는 법을 태자가 어긴 것입니다. 태자는 왕의 급한 부르심을 받고 가는 길이기 때문에 어쩔 수 없었다고 강변했지만 담당 관리는 눈 하나 깜짝하지 않고 태자의 마부를 끌어내어 처벌하고, 마차의 끌채를 잘라 버렸습니다. 신하들 앞에서 체면을 구긴 태자는 분하고 부끄러운 마음에 장왕에게 울면서 그 관리를 처벌해 달라고 애원했습니다. 이에 장왕은 태자에게 말했습니다. "법령은 종묘사직의 존엄성을 지키기 위해서 제정된 것이므로 그 법령을 지키고 사직을 존경하는 자가 나라의 중신이 되는 것이다. 그런데 그런 집행자를 어찌 처벌할 수 있겠느냐? 법을 지키지 않고 명령을 무시하며 사직을 존경하지 않으면 신하로서 군주를 경시하는 것이 되며, 아랫사람으로서 윗사람에게 반항하는 것이 된다. 신하가 군주를 경시하면 군주의 권위가 없어지고, 아랫사람이 반항하면 윗사람의 지위가 위태로워지는 것이다. 군주의 권위가 떨어지고 그 지위가 위태로워지며 사직을 지킬 수 없게 되면 무엇을 후손에게 전할 수 있겠느냐?" 그러면서 그런 충신이 있다는 것이야말로 초나라의 복이라고 덧붙였습니다. 국가를 유지하는 법령과 그 법령을 공정하고 엄격하게 집행하는 충신, 그리고 그런 인재를 중시하는 정책, 이 세 가지를 일러 "장왕의 삼보"(莊王三寶)라고 이야기합니다.[3]

초나라 장왕의 이야기를 보면서 한 국가, 한 단체, 한 가정의 리더나 본당 사목자가 갖추어야 할 덕목에 대해 생각해 봅니다.

첫째는 '인사'人事의 중요성입니다. 장왕은 주위에 있는 사람들 중 누가 진정한 충신이고 누가 간신인지 알아보려고 했는지도 모릅니다. 향락에 빠져 국정에 소홀하면서도 간언을 하면 죽이겠다고 엄포를 놓았지요. 대부분의 신하들은 그런 왕의 비위를 맞추며 아첨을 떨었을 겁니다. 장왕은 죽음을 각오하고서라도 나라와 왕을 걱정해서 간언을 하는 충신을 찾고 싶었을 것입니다. 나는 주위에 어떤 사람을 두고 있는지 생각해 봅시다. 무조건 나에게 맞춰 주는 사람만 있는 것은 아닌지, 내가 기분이 좀 상하더라도 내 눈치만 보지 않고 넓은 시야로 두루 살펴 조언을 해 주는 사람이 있는지 돌아봅시다. 그리고 그런 사람이 제 역할을 잘할 수 있는 위치에서 일할 수 있도록 사람을 써야 할 것입니다.

둘째는 '신뢰'의 중요성입니다. 내가 인사人事를 적재적소에 잘했다면, 다음으로는 전적으로 그 사람을 믿어 주어야 합니다. 장왕이 연회 때의 잘못을 따지고 들어 범인을 색출해 처벌했다면 충직한 장수 한 명을 잃었을 것이고, 주위에 있던 이들은 공포에 질리거나 리더의 눈치만 보게 될 것입니다. 지금 당장은 이해되지 않더라도 믿고 기다려 주는 태도가 필요합니다. 하지만 우리는 조그마한 잘못에도 불같이 화를 내고 사소한 실수도 들춰내려고 할 때가 많습니다. 연인, 남편, 아내, 아이들을 믿지 못해 휴대전화를 검사하고 그의 물건을 뒤져 보기도 합니다. 믿어 주지 않으면 자꾸 속게 됩니다. 믿어 준다면 사소한 잘못을 했다 하더라도 다시 돌아오기 마련입니다. 자기를 믿어 주었다는 사실이 더 크게 영향을 끼칩니다. 자신이 신뢰를 받고 있다는 확신이 들면 그 사람은 더욱 충실히 자기가 맡은 임무를 해낼 것입니다.

셋째는 '시스템'의 중요성입니다. 조직이 리더의 카리스마에 따라 즉흥적으로 흘러가서는 안 됩니다. 리더의 기분에 따라 조직이 좌우되어서도 안 되지요. 시스템이 잘 갖춰져 있어 결정에 도달하는 과정이나 결과를 누구나 합리적이라고 받아들일 수 있어야 그 조직은 건강하게 유지될 수 있습니다. 장왕은 초나라가 왕에 의해 좌지우지되지 않고 시스템에 따라 합리적으로 유지될 수 있도록 했습니다. 올바른 법령과 공정한 법집행 그리고 그것이 제대로 이루어질 수 있도록 뒷받침해 주는 안정된 시스템이 그것입니다.

시대가 많이 변했습니다. 민주주의가 정착되고 인권이 중시되며 국민 모두가 일정 수준의 교육을 받아 올바른 자기 결정을 할 수 있는 시대입니다. 하지만 한 나라가, 한 공동체가, 한 가정이 움직이는 것을 보면 2천 6백 년 전보다 더 합리적으로 발전했다고 생각하기 어렵습니다. 내가 운영하는 곳은 어떻습니까? 회사일 수도 있고, 본당이나 모임, 가정일 수도 있습니다. 내가 원하는 대로, 나의 즉흥적인 결정으로 움직입니까? 아니면 공정한 시스템에 의해 합리적으로 움직입니까? 우리가 역사를 배우고 고전을 읽는 이유가 여기에 있습니다. 잘못된 과거를 되풀이하지 않고, 과거의 잘잘못에서 제대로 배워 오늘날 나의 실정에 맞춰 실천해 나가는 데 있습니다. 초나라 장왕 같은 멋진 리더가 그리운 때입니다.

1   사마천 『사기』「초세가」楚世家 참조.
2   풍몽룡 『동주열국지』東周列國志 51회 참조.
3   『한비자』34,「외저설우상」外儲設右上 303 참조.

모든 관계의 시작은
자기 사랑에서부터

성현들에게 배우는 자존감의 중요성

미국의 명문 아이비리그에 속하는 펜실베이니아 대학에서 2014년에서 2015년 사이 13개월간 자살한 학생이 여섯 명이나 된다는 보도에 미국 사회가 충격에 빠졌습니다. 주변의 다른 명문 대학들도 사정이 다르지 않습니다. 「뉴욕 타임스」는 완벽주의 풍조와 부모의 지나친 간섭이 이런 상황을 낳았다고 분석했습니다. 그리고 자랑거리만 올리는 에스엔에스SNS가 학생들의 경쟁심과 우울증을 부추기고, 대학에 간 뒤에도 자녀들의 학교생활을 일일이 챙기는 부모가 많아진 게 원인이라고 합니다. 세계 최고 명문 대학에 다니면서도 자존감自尊感 없이 남과 비교하고 경쟁하다 보니 작은 실패에도 쉽게 좌절하는 경우가 많은 것 같습니다.

우리 사정도 다르지 않지요. 요즘 스마트폰으로 친구들과 많은 정보를 주고받습니다. 어떻게 살고 있는지도 실시간으로 알 수 있지요. SNS를 통해 친구들과 수다도 떨고 서로 사진도 올리며 어떻게 지내는지 소식을 주고받습니다. 주로 맛집에 가서 맛있는 걸 먹은 사진이나 멋진 장소에 휴가 가서 재미있게 노는 사진이 올라옵니다. 문제는 친구들이 교대로 이런 걸 올리니 나 빼고 모두가 행복한 것처럼 보입니다. 친구들은 늘 맛있는 거 먹으러 다니고, 늘 휴양지에 놀러 가는 것 같습니다. 그래서 나도 기회가 생기면 사진부터 찍어 올리기 바쁩니다. 한껏 즐거운 표정을 하며 정말로 행복하다는 듯이 말이죠. 서로 자랑하면서 더 불행해지고, 서로 소통하면서 더 외로움을 느끼는 것이 오늘날 스마트한 시대의 자화상입니다.

> 자공이 말했다. "가난하면서도 아첨하지 않고, 부유하면서도 교만하지 않으면 어떻습니까?" 그러자 공자께서 말씀하셨다. "그것도 괜찮으나, 가난하면서도 즐거워하며, 부유하면서도 예를 좋아하는 사람만은 못하다."[1]

우리를 불행하게 하는 것은 남들과 '비교'하는 데서 나오는 경우가 많습니다. 나의 고유한 장점을 보지 못하고 늘 남과 비교하다 보면 우리는 불행해질 수밖에 없습니다. 사람들은 비슷한 수준의 사람들끼리 이웃하며 지내는 경우가 많습니다. 객관적으로 볼 땐 나도 잘 살고 행복하지만 그 안에서 다른 사람과 비교하다 보면 금방 자신이 초라해지곤 합니다. 호화로운 고급 아파트촌에 살아도 비교하기 시작하면 불행하고 우울해집니다. 더 큰 집에, 더 호화롭게 사는 이웃, 성공한 배우자, 공부 잘하는 자녀들을 비교하면서 '우리 집은 왜 이럴까, 나는 왜 이렇게 사나?' 하며 불행해합니다. 일단 비교하기 시작하면 결과는 안 좋습니다. 남과 비교해서 내가 우월하다고 느끼면 교만하게 되고, 남보다 못하다고 여기면 열등감에 빠지겠지요. 어느 것도 좋지 않습니다. 비교해서 우월하다고 한들, 거기서 오는 행복은 불안한 행복입니다. 자만에 빠지면서도 언제든 뒤집어질 수 있으니 늘 불안해하며 이 자리를 지키기 위해 노심초사합니다. 반면에 비교해서 열등감에 빠지면 우울해지고 시기 질투하게 되고 경쟁에서 이기기 위해 수단과 방법을 가리지 않게 됩니다.

그러니 공자의 제자인 자공이 이야기한 경지도 대단합니다. 남과 비교해서 가난하더라도 부유한 사람에게 잘 보이려고 아첨하지 않고, 부유해도 교만하지 않다는 것은 덕을 많이 쌓은 군자의 경지에 이르러야 가능한 일입니다. 하지만 이런 자공의 말에도 남과 비교하는 사람의 모습을 지울 수 없습니다. 이에 공자는 가난하면서도 자신이 하는 일에 만족하며 기뻐하고 즐거워하는 사람, 부유하면서도 타인을 먼저 배려하고 사랑을 표현하는 예禮를 좋아하는 사람의 경지를 이야기합니다. 이 정도의 경지에 오르기 위해서는 남과 비교하지 않고 나 자신을 있는 그대로 보고 인정해 줄 수 있는 '자존감', 즉 자아존중감自我尊重感이 커야만 합니다.

공자는 비록 가난하고 비천하게 자랐지만 남들과 비교하며 신세 한탄이나 하면서 우울해하지 않았습니다. 오히려 고귀한 인격으로 성장하여 수많은 이를 바른 길로 이끌었습니다. 외적 조건이 사람을 결정짓는 것이 아니라 인仁을 실행하고 예禮를 존중하는 내면의 힘이 그 사람을 결정짓는다는 것을 잘 알고 몸소 실천했습니다. 공자가 세상을 떠돌아다닐 때 구이九夷라는 오랑캐들이 머무르는 비천한 곳에 가서 살려고 했습니다. 그때 누군가가 물었습니다. "누추한 곳인데 어찌 사시렵니까?" 그러자 공자께서 이렇게 말했다고 합니다. "군자가 거주하는데 무슨 누추함이 있겠는가?"[2] 거처하는 곳이 비록 누추하더라도 자기가 군자라는 의식이 있다면 그곳은 이미 누추한 곳이 아니라 군자가 머무르는 성스러운 공간이 됩니다. 자존감은 결국 내가 나를 인정하고, 내가 먼저 나를 사랑해 주는 마음입니다. 나 자신도 사랑하지 못하면서 어떻게 다른 사람을 사랑할 수 있을까요? 나를 소중히 여길 줄 아는 사람이 다른 사람도 소중히 여길 수 있습니다. 나를 사랑할 줄 아는 사람이 다른 사람도 사랑할 수 있습니다. 이런 자존감이 있을 때 우리는 다른 사람과 나를 비교하지 않고, 나의 모습을 온전히 바라보고 인정할 수 있습니다.

중국 철학사에서 나를 사랑하는 데 최고의 전문가로 양주楊朱라는 사람이 있었습니다. 자기만 알고 자기 것만 챙기는 이기주의자가 아닙니다. 자기애에 가득 차서 자기 모습에 심취해 다른 것은 볼 줄 모르는 나르시스트도 아니었습니다. 양주가 주장한 "자신을 위하기"(爲我), "자기를 귀하게 여기기"(貴己)는 삶을 긍정하는 자세를 강조합니다. 세상 모든 사람이 다른 무엇보다 자신의 소중함을 깨닫고 그 삶을 위할 줄 안다면 세상이 어지러울 이유가 없다는 것입니다. 양주는 삶 자체를 단순한 수단으로 여기는 모든 것을 배격했습니다. 세상에서 오직 자신의 삶이 소중하고 귀하다는 사실을 깨닫고 어디에도 구속받지 않는 자유인이 되기를 바랐습니다. 이런 양주의 사상은 도가 사상에 큰 영향을 주었습니다. 자신의 삶이 소중하다는 가르침은 성경에서도 찾아볼 수 있습니다.

> "온 세상을 벌어들인다 해도 제 목숨에 손해를 본다면 사람에게 무슨 소용이 있겠습니까? 혹은 사람이 제 목숨의 대가로 무엇을 내놓을 수 있겠습니까?"(마태 16,26).
> "네 이웃을 네 자신처럼 사랑하라"(마태 19,19).

내가 나를 사랑하는 마음으로 다른 이들을 사랑하라는 말씀입니다. 그만큼 나의 삶이 소중하다는 뜻이겠지요. 이제 다른 이들과 비교하고 싶은 눈은 잠시 감고, 남에게 자랑하고 싶은 마음도 잠시 접어 두고, 하루 종일 만지작거리는 스마트폰도 잠시 내려놓고 나 자신을 바라봅시다. 나의 모습, 나의 마음, 나의 정신. 하느님께서 당신 모습대로 만들어 주신, 세상에 하나뿐인 나를 사랑해 줍시다. 그리고 이런 나에게 소중한 것들, 감사한 사람들을 생각하며 행복에 젖어 봅시다. 이런 자존감으로 충만할 때 우리는 열린 마음으로 세상을 바라보고, 비교하는 마음 없이 다른 이들에게로 다가가 충만한 사랑을 나눌 수 있을 것입니다.

1　『논어』「학이」學而 15. "子貢曰, 貧而無諂, 富而無驕, 何如? 子曰, 可也, 未若貧而樂, 富而好禮者也."
2　『논어』「자한」子罕 13. "子欲居九夷. 或曰, 陋如之何? 子曰, 君子居之, 何陋之有?"

그래도
사람만이 희망입니다

사람을 가장 소중히 생각한 성현들의 가르침

"자네는 세상에서 가장 소중한 것이 무엇이라고 생각하나?" 제가 신학교 입학할 때 원장 신부님이 하신 질문입니다. 신학교 입학 시험 때 가장 긴장되는 순간은 교수 신부님들의 면접입니다. 총 세 곳의 면접장을 거쳐야 하는데 그중에서 원장 신부님과 원로 신부님들이 계신 면접장이 가장 긴장되는 곳으로, 두 사람씩 들어가서 여러 질문에 답을 하는 형식이었습니다.

일반적으로 성소 동기를 묻거나 어떤 사제가 되고 싶으냐는 질문을 합니다. 하지만 '가장 소중한 것이 무엇이냐'라는 뜻밖의 질문에 머릿속이 하얘지는 느낌이었습니다. 질문을 받기 전까지 그런 생각을 해 본 적이 없었던 것 같아요. 그때 같이 들어간 친구가 세상에서 가장 소중한 건 '사람'이라고 생각한다고 대답했어요. 얼떨결에 저도 따라서 대답했습니다. "저도 사람이 가장 소중하다고 생각합니다." 그렇게 신학교에 들어왔고 사제가 되었습니다. 살면서 문득문득 그때의 질문을 떠올려 보곤 합니다. 나는 정말 '사람'을 소중하게 생각하고 있는가? 그 소중한 '사람'을 사랑하며 살고 있는가? 사람을 중시한 인물을 생각하면 공자가 떠오릅니다. 『논어』에 이런 일화가 소개되어 있습니다.

마구간에 불이 났었는데, 공자께서 조정에서 물러나와 "사람이 다쳤느냐?"라고 물어보고 말에 대해서는 묻지 않으셨다.[1]

사실 공자가 어떤 사람이었는지는 정확히 알 수 없습니다. 하지만 『논어』를 읽다가 이 대목을 접하고는 공자의 인품이 얼마나 훌륭한지, 얼마나 사람을 소중히 여기는지 알 수 있었습니다. 이 일화는 공자가 대사구大司寇라는 높은 벼슬에 있을 때 일어난 일입니다. 당시 말은 자가용 이상의 가치를 지닌 큰 재산이었습니다. 일상에서뿐 아니라 전쟁 때 꼭 필요한 동력이었으므로 생명과도 같은 소중한 재산이었습니다. 집안의 모든 말이 모여 있을 마구간에 불이 났다는 이야기를 들었을 때, 자기도 모르게 본능적으로 튀어나온 말이 "사람이 다쳤느냐?"는 것이었습니다. 그리고 그 비싸고 소중한 말은 어떻게 되었는지 묻지도 않았습니다.

우리는 집 안에서 아이들이 놀다가 값비싼 물건을 잘못 다뤄 깨뜨리기라도 하면 이게 얼마나 비싼 물건인지 아느냐며 아이에게 야단을 치고 속상해합니다. 하지만 공자에게 가장 소중한 가치는 사람이었습니다. 그렇다고 해서 공자가 사람만 생각하고 말의 생명을 경시한 것은 아닙니다. 이 부분에서 주자朱子는 이렇게 주를 달았습니다. "말을 사랑하지 않은 것이 아니라, 사람이 다쳤을까 두려워하는 뜻이 커서 말에 대해서는 물어볼 여지가 없었던 것이다."[2] 마구간에 불이 나자 하인들은 주인이 아끼는 말이 다칠까 봐 무리해서 불을 끄려고 했을 것입니다. 하인의 목숨 값보다 명마 한 마리 값이 더 비싼 현실에서 오로지 사람이 다치지 않았는지 걱정한 공자의 인품을 볼 수 있는 장면입니다.

우리는 사람에게 실망할 때가 많습니다. 가까운 사람에게 속거나 친구에게 배신을 당해서 대인기피증까지 생기기도 합니다. 매일 뉴스에서는 흉악한 범죄가 보도되고, 특히 전쟁이 일어나면 사람이 했다고는 믿기지 않는 극악무도한 일들이 자행되곤 합니다. 친하게 지내던 이웃들에게 따돌림과 멸시를 받게 되면 사람에 대한 믿음이 흔들리기도 하고요. 그래서 프랑스의 실존주의 철학자 장 폴 사르트르는 나를 바라보는 타인의 시선이 바로 지옥이라고 표현하기도 했습니다. 같이 살면서 서로 사랑해야 할 가족이 오히려 나를 힘들게 할 때가 많습니다. 더불어 살면서 서로에게 도움이 되어야 할 이웃이 오히려 나를 시기하거나 안 좋은 소문을 내고 따돌릴 때가 많습니다. 박노해 시인은 "사람만이 희망이다"라고 노래하기도 했습니다.

사람 때문에, 세상살이가 절망적이더라도 다시 사람 때문에 희망을 가질 수 있습니다. 사람만이 희망입니다. 우리가 수많은 죄를 짓고 하느님을 부정해도 포기하지 않으시고 끝까지 우리를 사랑하시는 분이 하느님이십니다. 그분은 사람을 참으로 사랑하셔서 당신 아드님까지 내어 주셨고, 그 아들을 죽이기까지 한 사람들을 구원하고자 아들의 부활을 통해 영원한 생명의 문을 열어 주셨습니다.

> "그분[하느님]이 우리를 사랑하셔서 당신의 아들을 우리 죄 때문에 속죄의 제물로 보내셨다는 것입니다. 사랑하는 여러분, 하느님께서 우리를 이토록 사랑하셨으니 우리도 서로 사랑해야 합니다"(1요한 4,10-11).

우리가 받은 사랑이 이토록 크니 우리도 서로 사랑해야 합니다. 공자 이후 전국시대에도 이런 주장을 편 사람이 있었습니다. 바로 묵자墨子입니다. "서로 사랑하여라." 이른바 "겸애설"兼愛說을 주장하며 전쟁과 부역에 끌려가 고생하던 서민들에게 전폭적인 지지를 받았던 인물입니다. 끊임없이 전쟁을 일으키며 나라의 발전만을 꾀하는 당시 시대 분위기 속에서 묵자는 전쟁을 반대하고, 허례허식에 빠져 낭비를 일삼던 유가 사상을 비판하며, 물자를 아껴 쓰며 서로 사랑하며 산다면 어지러운 세상이 질서가 잡히고 사람들의 삶이 평화로울 것이라고 가르쳤습니다. 특히 겸애

설은 우리 그리스도교의 가르침과 매우 흡사합니다.

> "하늘의 뜻을 따르는 사람은 서로를 사랑하며, 서로를 이롭게
> 해 주기 때문에 반드시 하늘의 상을 받을 것이다. 하늘의 뜻
> 에 반하는 사람은 서로를 미워하며 서로를 해쳐서 반드시 하
> 늘의 벌을 받을 것이다."[3]

사람에게 실망하기도 하고, 우리를 힘들게 하는 것도 결국 사람
이지만 다시 우리에게 희망을 주고 서로 사랑을 나누면서 삶의
의미를 되찾아 주는 것도 결국 사람입니다.

---

1 『논어』「향당」鄕黨 12. "廏焚. 子退朝曰, 傷人乎? 不問馬."
2 주희『논어집주』論語集註「향당」鄕黨 12.
3 『묵자』「천지」天志 上 3. "順天意者, 兼相愛, 交相利, 必得賞. 反天意者, 別相惡, 交
相賊, 必得罰."

아직 삶도 모르는데
어찌 죽음을 알겠는가?

삶과 죽음의 의미

가톨릭교회는 11월을 위령성월로 지냅니다. 세상을 떠난 이들의 영혼을 위해 기도하는 시기이지요. 먼저 세상을 떠난 이들의 죽음을 생각하다 보면 자연스레 '죽음'의 의미에 관해서 묵상하게 됩니다. 찬바람이 불고 가로수도 하나둘씩 잎을 떨어뜨리는 깊어지는 가을에 죽은 이들을 생각합니다. 그러나 우리는 나무가 나뭇잎을 떨어뜨려야 추운 겨울을 무사히 나고 다시 봄이 되면 새로 잎을 틔울 수 있다는 사실을 잘 알고 있습니다.

현대사회를 이야기하면서 흔히 '몸 중심'의 사회라는 표현을 씁니다. 사실 '몸'과 '마음'을 이분법적으로 나누어 생각할 수는 없지만 어느 쪽에 더 가치를 두고 있느냐에 따라 '몸 중심'의 사회와 '마음 중심'의 사회로 구분할 수 있을 것입니다. 이 시대는 '몸 중심'의 사회라고 할 수 있습니다. 이런 사회에서는 눈에 보이는 것이 중요합니다. 외모의 아름다움, 멋진 자동차, 화려한 집, 명품 옷과 가방으로 치장을 하고 다른 사람들의 눈에 멋있게 보이는 것이 자신의 가치를 드러낸다고 생각합니다. 그래서 돈이 필요하고 돈이 최고의 힘을 발휘하지요. 그리고 이 돈을 쟁취하기 위한 무한 경쟁이 시작됩니다. 타인과의 관계보다 나 자신이 가장 중요합니다. 반면에, '마음 중심'의 사회는 눈에 보이지 않는 가치를 중요시합니다. 마음의 평화, 소통과 배려, 용서와 사랑 같은 것들입니다. 여기서는 관계가 최고의 가치입니다. 그리고 사람들 모두가 서로 사랑으로 연결되어 있다고 여겨져, 너의 아픔이 나의 아픔이 되고, 너의 행복이 나의 행복이 됩니다.

'몸 중심'의 사회에서는 자신의 몸이 망가지면 모든 게 무너집니다. 눈에 보이는 몸에 최고의 가치를 두었기 때문이지요. 그래서 병이 들고, 늙어 가는 것은 너무나 큰 불행이고 피하고 싶은 것입니다. 그러기에 죽음이란 절망의 정점이지요. 하지만 '마음 중심'의 사회에서는 몸이 아니라 마음이 최고의 가치이기에 늙어 가는 것이 피하고 싶은 두려움이 아니라 자연스러운 현상입니다. 나이가 든다는 것은 삶의 지혜가 쌓여 가며 영적으로 성장해 가는 기쁨입니다. 그리고 죽음마저도 절망으로 귀결되는 끝이 아니라 영원으로 나아가는 새로운 시작으로 받아들여지지요. 하지만 우리가 사는 이 시대는 '몸 중심'의 가치만을 추구하고 있습니다. 그러니 죽음은 무섭고 피하고 싶은 대상일 뿐입니다.

성현들이 죽음을 대하는 태도는 자연스러웠습니다. 봄이 되면 다시 새싹이 피어날 것을 알고 죽음과도 같은 혹독한 겨울을 나기 위해 가을부터 잎을 떨어뜨릴 줄 알았습니다. 죽음은 마치 잎이 떨어지는 것과 같은 자연스러운 현상이었습니다. 특히 도가 사상 가들은 인생의 모든 지혜를 자연自然에서 보고 배웠지요. 그 가운데 장자가 단연 압권입니다.

> 장자의 아내가 죽자, 혜시가 조문을 갔다. 장자는 마침 두 다리를 뻗고 앉아 질그릇을 두드리며 노래를 부르고 있었다. 혜시가 말했다. "자네는 저 사람과 함께 살면서 자식을 낳아 기르고 같이 늙어 왔네. 그런 그녀가 죽었으면 슬피 곡을 해도 모자랄 판인데, 자네는 오히려 질그릇을 두드리며 노래를 부르고 있으니, 이거 너무 심하지 않는가!" 장자가 말했다. "그렇지 않네. 그녀가 죽었을 때는 나라고 어찌 슬퍼하는 마음이 없었겠는가? 그런데 그 태어나기 이전의 근원을 살펴보니, 본래 삶이란 없었던 것일세. 삶이 없었을 뿐만 아니라, 본래 형체도 없었던 것일세. 형체가 없었을 뿐만 아니라, 본시 기氣조차도 없었던 것일세. 흐릿하고 어두운 곳에 섞여 있다가 변해서 기氣가 생기고, 그 기가 변해서 형체가 있게 되었으며, 형체의 변화로 삶을 갖추게 된 것일세. 그리고 이제 다시 변해서 죽음으로 간 것이네. 이것은 봄, 여름, 가을, 겨울 사계절이 되풀이하여 운행하는 것과 같지. 아내는 지금 우주라는 커다란 방에

누워 편안히 자고 있는데, 내가 크게 소리 내어 곡을 한다면 그것은 하늘의 명命을 모르는 것일세. 그래서 곡을 멈춘 것이라네."[1]

삶과 죽음을 하나로 보고 이를 초월하는 장자의 경지를 잘 보여주는 대목입니다. 마치 사계절이 끊임없이 되풀이되듯이 삶과 죽음도 기氣가 모였다 흩어지는 대자연의 운행과 같다고 보는 것입니다. 장자는 자기 부인의 죽음뿐 아니라 자신의 죽음 앞에서도 초연한 모습을 보였습니다.

장자가 막 임종하려 하자, 제자들이 성대하게 장사 지내려고 하였다. 그러자 장자가 말했다. "나는 하늘과 땅을 나의 관으로 삼고, 해와 달을 한 쌍의 옥으로 알며, 밤하늘의 별들을 구슬로 삼고, 만물을 내게 주는 선물이라 생각하고 있다. 이 정도면 내 장례 도구는 다 갖추어진 것이 아니겠느냐? 무엇을 더 보태려 하느냐?" 그러자 제자들이 대답했다. "저희는 까마귀나 솔개가 선생님을 파먹을까 걱정되는 것입니다." 장자가 말했다. "위에 있으면 까마귀나 솔개에게 먹히고, 아래에 있으면 땅강아지나 개미에게 먹히는 법이다. 저쪽 것을 빼앗아 이쪽에만 주면 불공평하지 않겠느냐?[2]"

사실 이 정도 경지라면 나는 육신에 갇혀 있는 존재가 아니라 온

우주와 하나로 연결되어 있는 경지에 있다고 할 수 있을 것입니다. 하지만 우리가 지금 '죽음'을 생각하는 이유는 '삶'을 위해서라고 할 수 있습니다. 살면서 죽음을 묵상하는 것은 죽음이 닥치는 순간까지 오히려 삶에 더 충실하기 위해서입니다. 그래서 죽음이 찾아오더라도 충실하게 삶을 산 이들은 영원으로 통하는 문으로 한 발을 성큼 내디딜 수 있는 것입니다. 그러기에 유가 철학자들은 삶에 더욱 충실했습니다. 『논어』에 이런 이야기가 나옵니다.

> 계로(자로)가 귀신을 섬기는 것에 대해 묻자, 공자께서 말씀하셨다. "아직 사람 섬기는 일도 제대로 못하는데 어찌 귀신을 섬길 수 있겠느냐?" 또 죽음에 대해서 묻자 공자께서 말씀하셨다. "아직 삶도 제대로 모르는데 어찌 죽음을 알겠느냐?"[3]

공자에게는 '죽음'이 아니라 '삶'이 중심이었습니다. 삶을 더 충실히 살기 위해서 죽음을 생각하는 것입니다. 세상이 '몸 중심'의 가치를 추구하며 끝없이 욕망을 채우기 위해 질주할 때, 우리 그리스도인들은 이 세상의 제동장치가 되어야 합니다. 폭주하는 기관차를 멈출 수 없다면 나 혼자만이라도 멈춰 서서 세상이 추구하는 가치와는 다른 가치가 있다는 것을 알려 주어야 할 것입니다. 죽음이 늘 곁에 있음을 알기에, 우리는 오늘 하루를 더욱 충실히 살아갈 수 있는 것입니다.

"나는 부활이오 생명입니다. 나를 믿는 사람은 죽더라도 살 것입니다. 또 살아서 나를 믿는 사람은 누구나 영원히 죽지 않을 것입니다"(요한 11,25-26).

1　『장자』「지락」至樂 4.
2　『장자』「열어구」列禦寇 11.
3　『논어』「선진」先進 12. "季路問事鬼神. 子曰, 未能事人, 焉能事鬼? 曰, 敢問死. 曰, 未知生, 焉知死?"

가득 찼어도
텅 빈 듯이

자기 낮춤의 삶

12월 25일은 예수님께서 태어나신 성탄절입니다. 아기 예수님은 동지 무렵의 칠흑같이 어두운 겨울밤에 빛으로 이 세상에 오셨습니다. 모두가 예수의 탄생을 기념한다며 축제 분위기에 취해 흥청대지만 정작 그분은 가장 낮은 모습, 가장 가난한 모습, 가장 나약한 모습으로 오셨습니다. 하느님께서 우리 인간을 사랑하신 나머지 직접 인간이 되셔서 우리 가운데 오셨다는 이러한 강생의 신비는 우리 믿음의 핵심입니다. 그리고 우리에 대한 하느님의 사랑이 얼마나 큰지를 보여 주는 사건이기도 합니다. 이런 강생의 신비를 잘 표현하는 것으로 "화광동진"和光同塵이라는 말이 있습니다. 노자의 『도덕경』에 나오는 말로, 앞서 이 책 첫 장에서 언급한 적이 있지요.

"그 빛을 부드럽게 하여 먼지와 하나가 된다."

남들보다 조금 더 빛난다고 해서 그 빛을 드러내고 싶어 하고, 남들보다 조금 더 잘났다고 해서 남들을 업신여기며, 남들보다 조금 더 똑똑하다고 해서 남들을 깔보고 가르치려 드는 사람이 많습니다. 하지만 도道를 깨친 이는 그렇지 않습니다. 자신이 빛난다고 해서 그 빛을 마음껏 자랑하지 않습니다. 오히려 세상 사람들의 수준에 맞추어 그들이 이해하고 받아들일 수 있을 만큼 그들에게 다가갑니다. 그리고 자신이 더 우월하다고 교만하지 않고, 비천한 이들을 업신여기지 않으며 그들과 함께합니다. 이런 "화광동진"의 모습을 가장 완벽하게 실현하신 분이 바로 예수님이십니다. 인류의 구세주이신 예수님께서는 자신을 낮추어 가장 낮은 자의 모습으로 세상에 오셨습니다. 당신이 스스로를 낮추어 우리와 동등한 지위까지 내려오셨지만 이 낮춤은 오히려 사람을 당신의 원래 위치에까지 올려 주신 결과를 낳았습니다. 그러니 우리도 결국 낮아져야 예수님을 만날 수 있을 것입니다. 하지만 주님께선 낮아지셨는데 우리는 자꾸만 높아지려 합니다. 그러니 주님께서 오셨지만 알아보지 못하는 것입니다.

"말씀이 육신이 되시어 우리 가운데서 거처하셨다. 그분이 세상에 계셨고 세상이 그분으로 말미암아 생겨났는데도 세상은 그분을 알아보지 못하였다"(요한 1,14.10).

그분이 거처하실 내 마음은 어떠한지, 나는 어떤 상태에 있는지 살펴봐야 하겠습니다. 지금 내 마음이 어둡습니까? 춥고 앞이 안 보일 만큼 캄캄합니까? 그분께서 빛으로 오셔서 우리 마음을 밝혀 주실 것입니다. 지금 내 처지가 너무 가난하고 비참하고 밑바닥 인생처럼 느껴집니까? 그분께서 사랑으로 나와 함께하실 것입니다. 어째서입니까? 그분은 가장 낮은 모습으로 오셨기에, 가장 어두운 곳에 오셨기에 그렇습니다. 주님께서는 인간이 되어 세상에 오셨는데, 추운 겨울 밤, 어린 아기의 모습으로, 집도 아닌 마구간에서 태어나셨습니다. 강생은 단순히 자신을 낮추는 겸손의 자세가 아닙니다. 실제로 낮아지는 것입니다. 먼지 같은 하찮은 존재가 되어 그들과 같아지는 것입니다. 강생의 신비란 바로 그런 것입니다. 유가에서도 겸손謙遜이 최고의 미덕이었습니다. 『논어』에 공자의 제자 증삼曾參이 친구 안연의 겸손한 덕을 존경한 말이 나옵니다. 공자의 가르침에서 자신을 낮추는 겸손의 자세는 인仁을 실천하는 가장 기본적인 태도였습니다.

> 증자가 말했다. "유능하지만 능력이 없는 이에게 물으며, 학식이 많으면서도 적게 아는 사람에게 물으며, 있어도 없는 듯하고, 가득 찼어도 텅 빈 듯이 하며, 남이 내게 잘못을 범해도 따지지 않는 것은 옛날 내 벗(안연)이 일찍이 이에 따랐도다."[2]

우리는 유능하면 혼자 일을 처리하지 무능한 사람과 함께하려고 하지 않습니다. 많이 알면 무식한 사람을 무시하고 업신여기며, 자기가 가진 것을 드러내 보여 자랑하고 싶어 하지요. 가득 찬 사람이 스스로 텅 빈 것처럼, 바보가 된 것처럼 산다는 게 얼마나 어려운지 잘 압니다. 그리고 남이 나에게 잘못을 범하면 불같이 화를 내며, 혹시라도 제대로 따지지 못했다면 분해서 잠을 이루지 못할 지경입니다. 그러니 이렇듯 자신을 낮추며 겸손의 삶을 직접 살았던 안연은 가히 성인에 버금가는 아성亞聖이라고 할 수 있습니다. 나는 얼마나 자신을 낮추며 사람들과 함께하려 했는지요? 아기 예수님의 구유 앞에 앉아 우리는 얼마나 높아졌는지, 높아지려고 했는지 돌아봅시다. 나를 죽이고 좀 더 낮아지도록 노력합시다. 내가 낮아져야 더 낮은 사람들이 보입니다. 자신을 낮추시어 먼지 같은 가장 비천하고 가난한 이들과 함께하신 구세주를 생각하며 우리도 더 낮고 어려운 이들과 함께합시다.

> "여러분이 마음을 돌이켜서 어린이들처럼 되지 않으면 결코 하늘나라에 들어가지 못할 것입니다. 그러므로 이 어린이처럼 자신을 낮추는 그런 사람이야말로 하늘나라에서 제일 큰 사람입니다"(마태 18,3-4).

우리는 어떤 길을 걸어가고 있나요? '길 없는 길'이란 없습니다. 내가 걸어가면 그것이 바로 '길'(道)이 됩니다. 그리고 그 길은 모두 주님께 닿는 길이라는 것을 압니다. 장자가 말했습니다. "길은 내가 걸어가면 이루어진다."³ 도道라는 것은 내가 행하면 이루어지는 것입니다. 우리 눈앞에 수많은 길이 펼쳐져 있습니다. 하지만 그 길을 직접 걸어가는 이는 바로 '나'입니다. 아무리 좋은 길이라 하더라도 내가 가지 않는다면 아무 의미가 없습니다. 주님께서 걸어가신 그 길을 우리도 기쁘게 걸어갑시다. 그 길은 자기 낮춤의 길이고, 십자가의 길입니다. 자신을 낮추는 것이 오히려 높아지는 길이며, 자신을 죽이는 것이 오히려 영원한 생명을 얻는 구원의 길이라는 것을 우리는 알고 또 믿습니다.

---

1 『노자』56. "和其光, 同其塵."
2 『논어』「태백」泰伯 5. "以能問於不能, 以多問於寡, 有若無, 實若虛, 犯而不校, 昔者吾友嘗從事於斯矣."
3 『장자』「제물론」齊物論 11. "道行之而成."

땅에서 넘어진 자,
땅을 짚고 일어서라

예부터 부富와 권력이 집중된 곳에는 온갖 비리와 부정부패가 있었습니다. 예나 지금이나 부귀를 가까이 하면서도 청렴결백한 이를 만나기는 참 어려운 것 같습니다.

> "권력과 명예, 부귀영화를 가까이하지 않는 이도 청렴결백하지만, 가까이하면서도 물들지 않는 사람이 더 고결한 사람이다."[1]

개인의 청렴결백함도 중요하지만, 사회 전체가 건강하기 위해서는 개인의 청렴함만으로는 부족합니다. 사회 전반의 분위기가 건전하고 정의로우며, 돈이 최고의 가치인 배금주의가 사라지고 서로의 신뢰가 회복되어야 건강한 사회라고 할 수 있을 것입니다.

공자가 쉰둘의 나이에 노魯나라의 대사구가 되어 정치를 하게 되었습니다. 당시 노나라는 약소국인데다가 왕권도 약하고 귀족들의 온갖 부정부패가 만연해 있어 혼란한 상태였습니다.

"공자가 정치에 참여하고 정사를 들은 지 석 달이 되자 양과 돼지를 파는 사람들이 값을 속이지 않았고, 남녀가 길을 갈 때 떨어져 갔으며, 길에 물건이 떨어져도 주워 가지 않았다. 사방에서 찾아오는 손님도 담당 관리를 찾아올 필요가 없었고, 모두 그들이 잘 돌아가게 했다."²

이렇게 노나라가 강해지자 두려워한 건 이웃에 있던 강대국 제齊나라였습니다. 이에 제나라는 공자가 정책을 펴는 노나라를 망칠 계략을 세웠는데, 미인 여든 명을 뽑아 아름다운 옷을 입히고 명마 백이십 필과 함께 노나라 군주에게 선물로 보냈습니다. 공자가 이를 허락할 리가 없겠지요. 그러자 이들은 노나라 도성 남문 밖에 자리를 잡고 마차를 늘어놓고 음악을 연주하며 춤을 추었습니다. 당시 제나라는 춘추시대의 패권 국가로서 군사력뿐 아니라 경제, 문화 등 모든 분야에서 앞서 있었습니다. 노나라의 수많은 무리가 이를 구경하려고 모여들었고, 결국 노나라의 왕과 대신들도 구경하러 가고 싶어 했습니다. 하지만 공자의 눈치가 보였지요. 결국 노나라 군주는 평복으로 갈아입고 공자 눈을 피해서 몰래 거기 가서 온종일 구경하느라 정무를 게을리했다고 합니다. 제나라의 계략은 성공했습니다. 공자가 어렵게 일으켜 놓은 노나라는 하루아침에 타락의 길로 떨어지고 만 것입니다. 결국 공자는 한탄하며 제자들과 함께 노나라를 떠나 머나먼 유랑의 길을 떠납니다. 부정부패에 빠진 군주와 일부 관료들의 잘못으로 애꿎은 백성들만 고통 속에서 힘겨워하지요.

한 나라든, 사회든, 개인이든 누구나 잘못을 저지를 수는 있습니다. 과오가 없는 사람은 없겠지요. 문제는 그 잘못을 어떻게 수습하고 다시 일어설 것이냐는 것입니다.

"잘못을 하고도 고치지 않는 것, 이를 일러 잘못이라고 한다."[3]
"세상을 덮을 만한 공로도 '자만'(矜)이라는 한 글자를 당할 수 없고, 하늘을 가득 채우는 죄악도 '뉘우침'(悔)이라는 한 글자를 이기지 못한다."[4]

누구든 길을 가다가 넘어질 때도 있고 길을 잘못 들어설 때도 있습니다. 중요한 것은 '이제 어떻게 할 것인가?'입니다. 넘어졌으면 다시 일어나 툭툭 옷을 털고 다시 길을 걸어가야 합니다. 길을 잘못 들었으면 다시 바른 길을 찾아가면 됩니다. 문제는 '회개'(悔改)할 줄 알아야 한다는 것입니다. 회개란 글자 그대로 '잘못을 뉘우치고(悔) 고치는(改)' 일입니다. 잘못을 하고도 잘못인지 모르는 것도 문제지만 잘못한 것을 인지하고서도 회개하지 않는다면, 즉 뉘우치고 고쳐 나가지 않는다면 그것이 더 큰 잘못입니다. 세상을 덮을 만큼 큰 공로를 세운 사람도 자만에 가득 차서 남들을 업신여긴다면 그 순간 그가 쌓은 모든 공로는 무너져 버릴 것입니다. 하늘을 가득 채울 만큼의 무거운 죄도 잘못을 뉘우치고 회개할 줄 안다면 다시 일어설 수 있을 것입니다.

1190년 고려 명종 때, 당시 고려는 불교 국가였습니다. 하지만 귀족 불교가 판을 치면서 온갖 특혜를 받고 권력과 결탁하면서 타락의 정도가 극에 달했습니다. 서민들은 먹고살기 힘든데 승려들은 귀족 같은 대우를 받으며 서민들과 멀어져 갔습니다. 당시 서른세 살의 지눌知訥 스님은 타락한 불교를 바로 세우고자 뜻을 같이하는 젊은 승려들과 함께 팔공산 거조사居祖寺에서 "정혜결사"定慧結社를 펴 불교 개혁 운동을 일으켰습니다. 그때 지은 결사문에서 지눌 스님은 이렇게 이야기합니다.

> "땅으로 인해 넘어진 사람은 땅으로 인해서 일어난다(땅에서 넘어진 사람은 땅을 짚고 일어서야 한다). 땅을 떠나서 일어나기를 구하는 것은 옳지 않다."[5]

잘못해서 미혹에 빠지는 것도, 깨달음을 얻어서 부처가 되는 것도 결국 한 마음에서 비롯된 것이라는 말입니다. 길을 가다 땅에서 걸려 넘어졌다면, 우리는 다시 거기에서 일어서야 합니다. 길에서 넘어졌다고, 길 때문에 이렇게 됐다고 원망만 하고 있을 수는 없습니다. 길을 떠날 수도 없습니다. 우리는 모두 길 위에 있는 인생이니까요. 돌부리에 걸려 넘어졌다면 몸을 추스르고, 기운 내 일어서서 다시 앞에 펼쳐진 길을 걸어가야 합니다. 그 길이 바로 예수님이십니다. 당신이 십자가를 지고 걸어가신 길이며, 우리더러 자기 십자가를 지고 따라오라고 하신 바로 그 길(道)입니다.

"나는 길이요 진리요 생명입니다"(요한 14,6).
"누가 내 뒤를 따르려면 자기 자신을 버리고 제 십자가를 지고 나를 따라야 합니다"(마르 8,34).

1 『채근담』前篇 4. "勢利紛華, 不近者爲潔, 近之而不染者爲尤潔."
2 사마천 『사기』 「공자세가」 孔子世家.
3 『논어』 「위령공」 衛靈公 30. "過而不改, 是謂過矣."
4 『채근담』前篇 18. "蓋世功勞, 當不得一個矜字. 彌天罪過, 當不得一個悔字."
5 지눌 『권수정혜결사문』 勸修定慧結社文. "人因地而倒者, 因地而起, 離地求起, 無有是處也."

2장

인仁이란
사람의 마음이다

『맹자』「고자」上 11

동양의 덕목으로 풀어 본
성령의 아홉 가지 열매

인仁

성령의 열매는 사랑, 기쁨, 평화, 인내, 친절, 착함, 성실(신용), 온유, 절제입니다. 이런 것들은 어떠한 법에도 저촉되지 않습니다(갈라 5,22-23).

2장에서는 성령의 아홉 가지 열매를 하나씩 다루어 볼까 합니다. 이는 성령께서 그리스도교 신자들에게 베풀어 주시는 은혜입니다. 그 은혜가 어찌 이 아홉 가지밖에 없겠습니까. 하지만 바오로 사도께서 말씀하신 이 아홉 가지 성령의 열매를 중심으로 그 열매들이 어떤 덕성을 지니는지 알아보고, 동양의 성현들은 그 덕성을 어떻게 이해하고 가르쳐 왔는지 살펴보고자 합니다. 아홉 가지 성령의 열매는 크게 세 부분으로 나누어 볼 수 있습니다. 첫째 묶음은 사랑, 기쁨, 평화로, 하느님과의 관계에서 맺어지는 열매입니다. 둘째 묶음은 인내, 친절, 착함으로, 이웃과의 관계에서 맺어지는 열매입니다. 마지막 셋째 묶음은 성실(신용), 온유, 절제로서, 나 자신과 관련되는 열매라고 할 수 있습니다. 우리가 살아가면서 하느님과의 관계, 이웃과의 관계, 나 자신과의 관계에서 필요한 덕목을 성령께서 은총으로 열매 맺게 해 주신다는 것입니다. 이렇게 성령의 열매를 세 부분으로 나누어 살펴보니 사서 四書 가운데 한 권인 『대학』의 첫 구절이 생각납니다.

> "큰 배움의 도는 내 안의 밝은 덕을 밝히는 데 있고, 백성을 새롭게 하는 데 있으며, 지극한 선에 이르러 그치는 데 있다."[1]

유학의 전통에서 배움의 길에 들어서려는 이는 그 배움의 길(道)이 어디에 있는지를 먼저 깨달아야 하는데, 그것은 먼저 내 안에 있는 밝은 덕을 밝히는 데 있습니다. 인간이 태어날 때 하늘이 부여해 준 명(天命)이 고스란히 내 안에 있습니다. 하늘이 내려 준 명이기에 그 자체로 온전히 밝은 덕(明德)입니다. 배운다는 것은 외부로부터 새로운 것을 주입하는 것이 아니라 원래 내 안에 온전히 있는 것을 밝게 드러내는 것입니다. 이것이 『대학』의 첫째 강령입니다. 이렇게 내 안의 덕을 밝혔으면, 이제 이웃에게로 확장되어야 합니다. 그러기에 우리가 배우는 목적은 나만 똑똑해지고 잘 살기 위해서가 아니라 백성들, 곧 이웃을 쇄신시켜 나가기 위한 것입니다. 이것이 『대학』의 둘째 강령입니다. 이런 배움의 길은 지극한 선(至善), 곧 하느님에 이르러 그칩니다. 인간의 배움은 지극한 선, 절대자 하느님에 이르러 그칩니다. 그러니 사람은 배움의 길을 걸어감에 있어서, 가장 먼저 하늘이 나에게 심어 준 명命이 무엇인지 깨달아 알아야 하고 그 밝은 덕이 밝게 빛나도록 노력해야 합니다. 더 나아가 이웃들에게 그 빛을 비추어 주고, 다른 이들에게도 있는 그 사람 고유의 빛이 밝게 빛날 수 있도록 도와주어야 합니다.

이렇게 나에게서 시작된 배움의 길은 이웃에게로 끊임없이 확장되며 온 인류에게로 향한 다음, 하느님 앞에서 그칩니다. 바꾸어 생각해 보면, 사람은 최선을 다한 후에 조용히 하늘의 뜻을 기다려야 한다는 뜻이기도 합니다. 그쳐야 할 바를 모르고 자신의 힘만 믿고 끝없이 나아가기만 한다면 오히려 어리석음에 빠지고 말 것입니다. 그러니 지극한 선에 이르러 우리의 나약함을 겸허히 인정하고, 우리가 하늘에서부터 온 존재임을 깨닫고 하늘의 뜻을 기다리는 자세가 중요합니다. 하느님과의 관계에서 맺는 열매, 이웃과의 관계에서 맺는 열매 그리고 나 자신과 연관된 열매로서 성령의 아홉 가지 열매를 하나씩 다루어 보겠습니다.

우선 성령의 열매 '사랑'에 관해 간단하게 알아보겠습니다. 사랑은 성령의 아홉 열매 전체를 아우르는 덕목입니다. 사랑은 이 모든 것을 포괄합니다. 사실 사랑이 전부입니다. 성령의 열매로서의 사랑은 아가페적인 사랑입니다. 이 사랑을 유학에서는 인仁이라고 표현했습니다. 인仁은 '어질다'라고 번역되지만 바로 아가페적인 사랑이라고 할 수 있습니다. 인仁은 곧 사랑입니다. 공자가 가장 중시한 개념으로 유가의 최고 덕목이기도 한 인仁의 뜻에 대해서 자세히 살펴봅시다.

첫째, '인仁'은 '어질다, 자애롭다, 인자하다'라는 뜻이 있습니다.

> 번지가 인仁에 대해서 묻자, 공자께서 말씀하셨습니다. "인仁이
> 란 사람을 사랑하는 것이다."[2]

둘째, '인仁'이라는 글자에는 '씨앗'이라는 뜻이 있습니다. 살구씨를 행인杏仁이라고 표현하는 데서도 그 의미가 아직 남아 있습니다. 결국 인仁은 사람이 마음에 품고 있는 것입니다. 그 어진 마음은 씨앗과 같아서 아직 제대로 싹이 트지 않기도 하고 가시덤불에 가려 제대로 자라나지 못한 경우도 있지만 누구나 제대로 가꾸기만 한다면 내 안에서 잘 자라나 열매를 맺을 것입니다.

> "인仁이란 사람의 마음이다. 의義란 사람이 걸어가야 할 길이
> 다."[3]
> "인의예지仁義禮智는 바깥으로부터 나에게 녹아들어 온 것이
> 아니라, 내가 원래 가지고 있는 것이다."[4]

사람이라면 누구나 갖추고 있는 것이 바로 '어진 마음'(仁)인 것입니다. 그러기에 사랑은 배워서 아는 것이 아닙니다. 사랑하는 마음은 하느님께서 우리를 창조하실 때 이미 우리 안에 심어 두신 것입니다. 하느님께서는 인간을 창조하실 때 "우리 모습으로 사람을 만들자"(창세 1,26)라고 하셨습니다. 사람은 하느님에게서 났으며 하느님은 바로 사랑이시기에(1요한 4,7-8,16 참조) 우리에게도 사랑이 온전히 담겨 있습니다.

셋째, '인'仁에는 '서로 통하다'라는 뜻이 있습니다. 사람이 서로 관계 맺고 소통하는 것이 바로 인仁의 상태입니다. 반대로 소통하지 못하는 상태를 불인不仁이라고 하는데, 한의학에서 신경이 통하지 않고 마비된 상태를 불인不仁이라고 표현합니다.

다음 편에서 사랑과 인仁의 덕목에 관해 좀 더 자세히 알아보겠습니다.

1 『대학』 1. "大學之道, 在明明德, 在新民, 在止於至善."
2 『논어』「안연」顔淵 22. "樊遲問仁, 子曰, 愛人."
3 『맹자』「고자」告子 上 11. "仁, 人心也, 義, 人路也."
4 같은 책 6. "仁義禮智, 非由外鑠我也, 我固有之也."

☸

사랑

성령의 아홉 가지 열매 가운데 첫째 열매인 '사랑'에 대해서 좀 더 살펴봅시다. 그리스도인에게 사랑이란 가장 중요한 가치이며 성령의 아홉 가지 열매 전체를 아우르는 덕목이라는 것과 이 사랑을 유학에서는 인仁으로 표현한다는 것을 앞에서 여러 번 강조했습니다. 하지만 현실의 세계로 눈을 돌려 보면 오늘날의 세상에서 사랑의 가치는 우습게 여겨지기 십상입니다. 세상은 더 이상 '사랑'을 최고의 가치로 여기지 않습니다. 최고 가치의 자리는 돈, 권력, 성취, 발전, 건강 같은 것들이 차지해 버렸습니다. 사랑 타령이나 하고 있으면 세상 물정 모르는 철부지로 취급받기 일쑤입니다.

세상이 이렇게 물질적인 가치를 최고로 여기고 욕망을 좇더라도 그리스도인이 그렇게 되어서는 안 됩니다. 사랑은 우리의 지상 과제입니다. 예수님의 삶 전체가 우리를 위한 사랑이었고, 그 사랑의 정점이 성찬례와 십자가의 죽음이었습니다.

> "내가 여러분을 사랑한 것처럼 여러분도 서로 사랑하시오. 친구들을 위해서 목숨을 내놓는 것, 그보다 더 큰 사랑은 아무도 지니지 못합니다. … 내가 여러분에게 명하는 바는 이것입니다. 여러분은 서로 사랑하시오"(요한 15,12-13.17).

우리의 사랑을 보고 우리가 하느님의 자녀라는 것을 세상 사람들이 알게 될 것이라고 하셨지만, 현실은 오히려 반대입니다. 많은 이가 예수님을 만나고 싶어 성당을 찾아오지만 오히려 신앙인들에게 실망해 성당을 떠나는 경우가 많습니다. 특히 성직자, 수도자에게도 상처받고 냉담하는 이가 많습니다. 신자들의 모임도 바깥세상 사람들과 다를 바가 별로 없습니다. 카페나 식당에 모여 험담과 잡담으로 스트레스를 푸는 게 일상화된 풍경입니다. 사랑이 가득해야 할 곳에서 오히려 사랑의 나눔을 찾아보기가 힘듭니다. 인도의 성자인 마하트마 간디는 "나는 그리스도는 좋아하지만 그리스도인은 좋아하지 않는다"라고 했다고 합니다. 성당에서나 봉사활동을 하면서는 사랑을 이야기하지만 가정에서, 세상 속에서는 이기적인 모습을 보인다면 우리는 위선자가 될 것입니다.

그렇다면 '사랑'은 어떠해야 할까요? 공자가 인仁을 실천하는 방법으로 가장 중시한 '서'恕를 사랑의 모습으로 들 수 있을 겁니다. 마음을 서로 같이한다는 뜻을 담고 있다고 앞서 말씀드렸지요.

> "자공이 공자께 여쭈었다. '한 마디 말로 종신토록 행할 만한 것이 과연 있겠습니까?' 공자께서 말씀하셨다. '서恕, 그 한 마디일 것이다. 내가 원하지 않는 것은 남에게도 베풀지 말라.'"[1]

진리는 단순합니다. 사랑을 이해하는 것은 너무 쉽습니다. 삶으로 실천하기가 어려운 것이지요. 맹자의 이야기도 들어 볼까요?

> 맹자께서 말씀하셨다. "사람을 사랑해도 친해지지 않거든 자신의 어짊(仁)을 돌이켜 보고, 사람을 다스려도 다스려지지 않거든 자신의 지혜(智)를 돌이켜 보며, 사람에게 예를 다해도 답하지 않거든 자신의 정성스러움(敬)을 돌이켜 보아라."[2]

물론 모든 것을 내 탓으로 돌리라는 이야기가 아닙니다. 사람 사이의 관계가 제대로 풀리지 않는다면, 내가 호의를 베풀고 다가가는데도 나의 호의가 전달되지 않고 오해를 산다면, 사랑을 하고 관심을 갖지만 내 뜻대로 되지 않는다면 상대방을 탓하기에 앞서 나의 사랑이 진실했는지를 먼저 살펴야 할 것입니다. 우리는 아낌없이 사랑을 베푸는데도 상대가 그 사랑을 잘 받아 주지도 않고 관계도 계속 소원해지는 경우를 겪을 때가 있습니다. 그럴 때는 내가 진정으로 상대를 사랑하는 마음을 갖고 있는지를 살펴봐야 합니다. 내가 생각하는 방식대로 사랑을 베풀고 거기에 호응하지 않는다고 이상하게 생각한다면 그건 자기만족이지 상대의 입장에서 생각하는 사랑이 아닙니다. 단체의 리더로서, 모임의 대표로서 사람들을 이끄는 자리에 있는 사람도 마찬가지입니다. 내가 생각하고 계획한 대로 이끄는데도 사람들이 따라 주지 않는다면 그들이 내 권위에 도전한다고 기분 나빠하기 전에 내가 정말 지혜롭게 그들을 이끌어 나가고 있는지 돌아봐야 합니다. 다른 사람에게 예禮를 갖춰 대하는데도 그 예에 맞게 답하지 않거나 나를 대하는 태도가 마뜩잖다면 그 사람을 탓하기 전에 겉으로 드러난 예의 바른 행동 안에 내적으로 공경하는 마음을 갖고 있었는지 살펴봐야 할 것입니다. 공경하는 마음을 갖지 않았다면 상대의 그런 행동이 당연할 것이고, 공경하는 마음을 갖추어 예를 행했는데도 답하지 않았다면 그건 상대의 잘못이니 개의치 않아도 될 것입니다. 맹자가 강조하고자 하는 것은 외적으로 드러나는 행위도 중요하지만 그 안에 깃들어 있는 마음이 진실성을 갖추고 있는가 아닌가의 문제입니다. 특히 사랑을 드러내는 행위는 더욱 그렇습니다.

사랑은 나에게 차고 넘치는 것을 베푸는 자선 행위가 아닙니다. 부족한 가운데서도 나눠 주고 서로 상대방의 입장에서 먼저 생각해 주는 것입니다. 나눌수록 채워지는, 기적 같은 일을 직접 체험해 볼 수 있는 기회가 바로 사랑의 실천입니다. 어떻게 이런 일이 가능할까요? 그것은 바로 사랑이 하느님에게서 오는 것이기 때문입니다.

'자비'慈悲라는 말은 불교에서 쓰기 전에 중국에서 고대부터 사용하던 말입니다. 윗사람이 아랫사람을 사랑하는 것, 가진 사람이 부족한 사람을 가련히 여기는 마음으로 사랑하는 것을 일컫는 말이었습니다. 결국 어진 마음(仁)이고 사랑입니다. 자비의 근원은 하느님의 인간에 대한 사랑에 있습니다. "여러분의 아버지께서 자비로우신 것같이 여러분도 자비롭게 되시오"(루카 6,36)라는 말씀처럼 우리도 자비를 베푸는 이가 되어야 합니다. 결국 서로 사랑하라는 말씀입니다. 살아가면서 '사랑'이라는 성령의 열매를 맺을 수 있도록 기도하고 노력해야 하겠습니다.

> "하느님의 사랑 안에서 자신을 지키시오. 영원한 생명으로 인도하는 우리 주 예수 그리스도의 자비를 기다리시오"(유다 7,21).

---

1 『논어』「위령공」衛靈公 24. "子貢問曰, 有一言而可以終身行之者乎? 子曰, 其恕乎! 己所不欲, 勿施於人."
2 『맹자』「이루」離婁 上 4. "孟子曰, 愛人不親反其仁, 治人不治反其智, 禮人不答反其敬."

※

기쁨

천상의 것을 추구하는 데서 오는 기쁨

성령의 아홉 가지 열매 중 '기쁨'에 대해서 살펴보겠습니다. 『한국 가톨릭 대사전』은 성령의 열매로서의 기쁨에 관해 이렇게 말합니다. "성령의 열매로서의 기쁨은 하느님의 사랑과 구원, 그분의 현존을 체험하면서 느끼는 기쁨이다. 이 기쁨은 기뻐할 일이 없어도 마음에서 저절로 흘러나오는 샘솟는 기쁨이며, 성령으로부터 흘러나오는 삶의 태도이기에 고통 중에서도 기뻐할 수 있다." 기뻐할 일이 없어도 샘솟고 고통 중에서도 흘러나오는 기쁨이라니, 인간적인 것에서 나오는 기쁨이라면 이런 경지까지는 불가능할 것입니다. 이 기쁨은 성령께서 맺어 주시는 열매이기에 가능합니다. 우리 신앙인에게 '기쁨'은 전적으로 하느님께서 베푸시는 선물입니다.

'기쁨'을 표현하는 한자는 여러 가지가 있습니다. 기쁠 희喜,

즐거워할 락樂, 기쁠 열悅과 같은 단어입니다. 이 가운데 순간적으로 지나가는 쾌락이나 기쁨이 아니라 오랫동안 지속되는 좀 더 차원 높은 수준의 기쁨을 표현하는 한자는 락樂입니다. 유가 철학에서 '기쁨'에 대해서 이야기할 때 가장 대표적으로 떠오르는 말은 "공안낙처"孔顏樂處일 것입니다. '공자와 안연의 즐거움'이라는 뜻입니다. 공자의 제자인 안연은 비록 가난했지만 항상 인仁을 실천하는 것을 마음의 즐거움이요 기쁨으로 여겼습니다. 공자는 안연의 이런 태도를 늘 칭찬했지요.

> "어질구나, 안회(안연)여! 한 그릇의 밥을 먹고 한 표주박의 물을 마시고서 누추한 거리에 사는 것에 대해서 사람들은 그 근심을 견디지 못하는데, 안회는 그 즐거움을 고치지 않으니 어질도다. 안회여!"[1]

여기서 나온 말이 "단표누항"簞瓢陋巷입니다. '밥 한 그릇, 물 한 표주박 그리고 누추한 골목'이라는 뜻으로 안연이 얼마나 가난한지를 보여 주는 말입니다. 안연은 공자가 가장 사랑한 제자였습니다. 무척 가난했지요. 간신히 끼니를 연명할 정도였고 달동네 같은 곳에 있는 허름한 집에 살았습니다. 하지만 안연은 공자의 제자로서 스승의 가르침을 듣고 그 진리에 따라 살아가는 것을 가장 큰 기쁨으로 삼았습니다. 안연은 하나를 배우면 아는 것에 그치지 않고 물러가서 직접 행동으로 실천했습니다. 앎과 행동이 다른 위선적인 태도를 결코 보인 적이 없습니다. 그래서 공자가 칭찬했던 것입니다. 스승인 공자가 추구한 기쁨과 즐거움은 어떠했을까요?

> "거친 밥을 먹고 물을 마시고, 팔을 굽혀 베개를 삼을지라도 즐거움이 또한 그 가운데 있도다. 의롭지 않으면서 부유하고 귀한 것은 나에게 뜬구름과 같으니라."[2]

아무리 부유하고 귀한 것이라 하더라도 그 부귀가 의롭지 않은 데서 나온 것이라면 자신에게는 뜬구름처럼 아무런 의미가 없다는 말씀입니다. 비록 거친 밥을 먹고 물 한 잔밖에 마실 수 없는 형편이라 하더라도, 훌륭한 이부자리는커녕 베개조차 없어 팔을 베고 누울지라도, 진리를 찾고 실행하는 나의 즐거움을 다른 이가 빼앗아 가거나 나의 의지를 바꿀 수 없다는 뜻이 담겨 있습니다. 그렇다고 해서 공자와 안연이 가난하고 누추한 삶 그 자체를 즐기고 기뻐했다는 말은 아닙니다. 어지러운 세상에 살면서도 세상과 타협해 불의한 부귀영화를 누리기보다 자신이 옳다고 생각하는 진리를 추구하며 살아가겠다는 굳은 의지의 표현일 것입니다. 소신껏 세상을 살아가는 데 비록 가난과 일신의 누추함이 따라오더라도 기꺼이 감내할 뿐 아니라 오히려 그것을 기쁨으로 여기는 경지에까지 이르렀다는 것입니다.

공자와 제자 안연이 추구했던 이런 기쁨과 즐거움의 경지를

북송시대 유학자 주돈이周敦頤는 "공안낙처"孔顏樂處라는 말로
표현하고 그 경지에 이르려고 노력했습니다. 후대의 유학자들도
세상이 주는 부귀영화에서 기쁨을 찾지 않고, 공자와 안연이 추
구한 안빈낙도安貧樂道의 즐거움을 추구하려고 힘썼습니다.

그렇다면 우리 삶의 기쁨은 어디에 있습니까? 우리는 어디에서
즐거움을 찾습니까? 돈입니까? 자본주의 사회에서는 돈의 가치
가 최고입니다. 돈이 하느님의 위치에까지 올라와 버렸습니다.
돈이 된다면 남을 속이는 것은 물론이고 불의한 일도 서슴지 않
고 저지릅니다. 멋진 자동차, 편리한 가전제품, 최신 전자기기 같
은 과학의 발전과 물질문명이 가져다 준 풍요로움에서 기쁨을
찾습니까? 하지만 이런 것들이 주는 기쁨은 덧없이 지나가 버립
니다. 그리스도와 함께 죽었고, 그리스도와 함께 다시 살아난 우
리는 지상의 것을 추구하지 말고 천상의 것을 추구해야 할 것입
니다(콜로 3,1-2 참조). 진리 추구, 사랑의 실천, 용서와 화해, 이런
것들이 천상의 것이겠지요. 진리를 찾아 공부하면서 알게 되는
즐거움은 무엇과도 비길 수 없습니다. 사랑을 베푸는 사람이 누
리는 가슴 벅찬 기쁨도 말할 수 없이 크겠지요. 나에게 잘못한 이
가 용서를 청해 와 화해를 한다든지 가난한 이에게 가진 것을 나
누어 줄 때의 기쁨도 이루 형언할 수 없을 것입니다. 이처럼 천
상의 것을 추구하는 가운데 찾아오는 기쁨은 성령께서 베푸시는
선물입니다. 무엇보다 기쁨의 가장 완전한 형태는 사랑 안에서

하느님과 하나 되는 상태입니다. 성령의 열매인 기쁨은 덧없이
지나가 버리는 허망한 것이 아니라 영원히 우리와 함께하며 주
님의 사랑으로 이끌어 줄 것입니다.

"하느님의 나라는 먹고 마시는 일이 아니라 의로움과 평화와
성령 안에서 누리는 기쁨입니다"(로마 14,17).

---

1 『논어』「옹야」雍也 10. "賢哉, 回也! 一簞食, 一瓢飮, 在陋巷, 人不堪其憂, 回也不改
其樂. 賢哉, 回也!"
2 『논어』「술이」述而 15. "飯疏食飮水, 曲肱而枕之, 樂亦在其中矣. 不義而富且貴, 於
我如浮雲."

평화

평화가 너희와 함께

부활하신 예수님이 제자들에게 나타나 제일 먼저 하신 인사는 "평화가 너희와 함께!"였습니다. 예수님은 우리가 진정한 평화를 누리기를 원하셨습니다. 우리는 미사 가운데서도 평화의 인사를 나눕니다. 신약성경에 '평화'라는 단어가 여든여덟 번이나 나오는 것만 봐도 평화가 얼마나 소중한 가치인지 알 수 있습니다.

> "나는 평화를 여러분에게 남겨 두고 갑니다. 내 평화를 여러분에게 줍니다. 내가 여러분에게 주는 것은 세상이 주는 것과는 같지 않습니다"(요한 14,27).

하느님께로부터 오는 성령의 열매로서의 평화는 세상의 숱한 고통 속에서도 유지되는 참된 평화라고 할 수 있습니다. 우리는 마음의 평화를 유지하기가 얼마나 어려운지 잘 알고 있습니다. 지금도 우리는 걱정과 근심, 집착과 상처 등으로 마음의 평화를 잃어버린 지 오래되었습니다. 사실 내 마음의 평화가 얼마나 중요한지 모릅니다. 지금 내 마음이 평화롭다면 누가 나에게 상처를 주거나 무례하고 굴고 잘못을 해도 쉽게 받아 주고 용서할 수 있습니다. 하지만 내 마음이 평화롭지 못하고 화가 나 있다면 누가 나에게 사랑과 관심을 베풀어도 짜증이 나고 고맙게 받아들이지 못합니다. 그러니 마음의 평화는 참으로 소중한 가치입니다.

그렇다면 마음의 평화란 어떤 상태일까요? 선불교禪佛教의 시조라고 할 수 있는 보리달마菩提達磨 대사가 중국에 들어와 소림사 토굴에서 거처할 때, 혜가慧可라는 제자와 나눈 대화는 마음의 평화에 대해서 생각할 거리를 던져 줍니다.

혜가가 달마에게 물었다. "제 마음이 평안을 찾지 못했습니다. 청컨대 제 마음을 안정시켜 주십시오." 달마가 말했다. "어디, 자네 마음이라는 것을 내놓아 보게. 그러면 내 그것을 안정시켜 주겠네." 한참 침묵이 흐른 끝에 혜가는 스승에게 오랫동안 마음을 찾았으나 발견할 수 없었다고 고백했다. 그러자 달마는 대답했다. "자, 내가 이미 자네 마음에 평화를 주었네."

우리는 마음의 평화를 찾으려고 많은 노력을 기울입니다. 늘 심란하고 고뇌에 가득 찬 마음이 잠시라도 평화로울 수 있도록 명상을 하기도 하고 요가나 단전호흡을 배우기도 합니다. 심리학이나 정신과의 상담을 받기도 하지요. 참된 마음의 평화를 얻으려고 종교에 귀의하기도 합니다. 이렇게 우리는 마음의 평화를 나밖에서부터 찾고 있는 건 아닌지 모르겠습니다. 마음은 정작 내 안에 있는데 우리는 그 마음의 평화를 밖에서 찾고 있다는 것이지요. 마음은 원래 평화롭습니다. 이런 평화로운 마음은 하느님의 선물입니다. 오히려 나의 숱한 생각들이 본디 평화로운 내 마음을 어지럽히는 것입니다. 내 마음대로 하고 싶은 욕망, 나와 내 가족만 챙기고픈 이기심, 원하고 얻고자 하는 것에 대한 집착 같은 것들로 인해 깨끗한 마음이 흐려집니다. 원하는 것을 얻지 못하고 하고 싶은 일이 뜻대로 되지 않아 속상해하다가 마음의 평화를 잃어버리는 것입니다.

마음은 원래 평화로운 하느님의 선물이며 하느님과 소통할 수 있는 통로입니다. 고요히 주님 앞에 머물러 내 마음을 흐리게 만드는 숱한 상념들을 가라앉히면 맑고 평화로운 마음이 보일 것입니다. 바람에 파도가 일렁여 물을 혼탁하게 만들 듯이 많은 생각은 오히려 내 마음의 평화를 깨뜨립니다. 바람이 멈추면 물이 잔잔해지고 맑아져 푸른 하늘이 그대로 비치듯, 내 마음도 온갖 상념들의 바람을 고요히 잠재우면 원래의 평화로운 마음의 상태를 마주할 수 있을 것입니다. 이렇게 흔들리지 않으며 평화를 유지하는 마음의 상태는 모든 성현이 추구하는 경지였습니다. 제자 공손추와 맹자의 대화를 살펴봅시다.

공손추가 물었다. "선생님께서 제나라의 경상 지위에 오르시어 도를 행할 수 있게 된다면, 비록 이로 말미암아 패업을 이루거나 왕업을 이룬다 하더라도 이상하지 않을 것입니다. 이와 같다면 마음이 동요되시겠습니까? 동요되지 않으시겠습니까?" 맹자가 말하였다. "아니다. 나는 마흔에 마음이 동요하지 않는다."[2]

제나라는 당시 최고의 강대국이자 선진국이었습니다. '그 제나라의 재상이 되어 평소 소신 있게 생각해 오던 이상, 즉 도道를 이룰 수 있게 된다면, 아무리 스승님이시지만 마음이 동요되겠지요?'라는 질문이었습니다. 사실 공자도 그렇고 맹자도 자신의 뜻을 알아주는 군주를 만나 도를 이루기 위해 평생을 노력했지만 아무도 등용해 주지 않았습니다. 그러니 평생의 꿈을 이루게 되었으니 마음이 얼마나 요동을 칠까요? 하지만 맹자는 담담합니다. 내 나이 마흔에 '부동심'不動心의 경지에 이르렀다고 합니다.

공자도 마흔의 나이에 '불혹'不惑했다고 했지요. 그래서 저는 마흔 정도의 나이가 되면 누구나 마음이 흔들리지 않고 크게 미혹되지도 않는 경지가 되는지 알았습니다. 하지만 결코 그렇지 않지요. 오히려 중년의 나이가 되면 유혹도 더 많고, 마음이 교만해지거나 소심해지고 흔들리는 경우가 더 많다는 것을 압니다. 마음의 평화를 찾고 유지하기 위해 끊임없이 수행하고 노력해야만 '불혹'이나 '부동심'의 경지에 이를 수 있겠지요. 그냥 나이만 먹는다고 저절로 평화가 찾아오지는 않습니다. 맹자는 항상 인간의 마음과 본성에 관해 공부하고 생각하며 마음의 수행을 위해 노력했습니다. 그리고 세상의 어떤 유혹과 고통 속에서도 흔들리지 않으며 마음의 평화를 유지할 수 있는 '대장부'大丈夫의 경지에 이르고자 했습니다.

> "부유한 재산과 존귀한 자리가 그의 마음을 방탕하게 하지 못하고, 가난과 비천함이 그의 절개를 변하게 하지 못하며, 위협과 무력이 그를 굴복시키지 못한다. 이런 이를 일컬어 대장부라 하는 것이다."[3]

우리의 마음은 하루에도 몇 번씩이나 바뀌는지 모릅니다. 조그마한 고통이나 상처에도 아파하고, 작은 유혹에도 쉽게 흔들리며, 기쁨이나 분노, 슬픔이나 즐거움에 요동을 칩니다. 성령의 열매인 평화를 구합시다. 주님께서 주시는 참된 평화는 이미 우리에게 주어져 있습니다. 우리의 마음은 원래 평화로 가득 차 있습니다. 주님 안에서 마음의 평화를 느껴 봅시다.

---

1 『지월』指月 권4. "可曰, 我心未寧, 乞師與安. 祖曰, 將心來, 與汝安. 可良久, 曰, 覓心了不得. 祖曰, 我與汝安心竟."
2 『맹자』「공손추」公孫丑 上 2. "公孫丑問曰, 夫子加齊之卿相, 得行道焉, 雖由此霸王, 不異矣. 如此, 則動心否乎? 孟子曰, 否, 我四十不動心."
3 『맹자』「등문공」滕文公 下 2. "富貴不能淫, 貧賤不能移, 威武不能屈, 此之謂大丈夫."

인내

'빨리빨리'를 외치는 세상에서 인내를 배우자

'빨리빨리' 문화에 익숙한 한국인에게 묵묵히 내 할 일을 하며 참고 기다린다는 것은 힘든 일입니다. 사실 이는 이제 한국인의 문화만은 아니겠지요. 오늘날 무한 경쟁 사회에서 '빨리' 일을 처리하는 것이 미덕입니다. 빨리 사태를 파악하고, 빨리 연구 개발하고, 빨리 결과를 내서 빨리 성장할 것을 강요받고 있습니다. 스마트폰을 사용하면서 사람들은 기다림을 더 못 참는 것 같습니다. 문자를 보냈는데 바로 답이 오지 않으면 답답해합니다. 꽉 막힌 도로에서 난폭 운전을 하고 끼어드는 차가 있으면 화가 치솟습니다. 온 세상이 속도를 내며 '더 빨리, 더 빨리'를 외쳐 댑니다.

이런 세상에서 우리는 성령께 '인내'忍耐의 열매를 맺게 해달라고 청합니다. 인내란 참고 기다릴 줄 아는 마음입니다. 하느님께서 마련해 주신 때를 참고 기다리며, 주인이 돌아오기를 기다리는 충실한 종처럼(마태 24,45-51) 사랑의 계명을 지키며 성실히 살아가는 힘입니다. 하지만 아직 때가 무르익지 않았고, 나 자신이 준비되지 않았는데 억지로 효과를 내기 위해 무리하는 것을 '조장助長한다'라고 합니다. 이 말은 『맹자』에서 유래했습니다.

> "송나라 사람 중에 벼 싹이 자라나지 않는 것을 염려하여 뽑아 올린 자가 있었다. 그가 어리석게 집으로 돌아와 가족들에게 말하기를, '오늘은 피곤하구나. 내가 벼 싹이 자라는 것을 도와주었다'고 했다. 아들이 놀라 달려가서 살펴보니 벼 싹은 이미 말라 있었다. 천하에 벼 싹이 자라는 것을 돕지 않는 자가 적다. 이익이 없다고 하여 버려두는 자는 김을 매지 않는 자요, 그것이 자라는 것을 돕는(助長) 자는 벼 싹을 뽑는 자다. 무익할 뿐 아니라 또한 해치는 것이다."

정말 어리석은 사람이지요. 벼농사가 처음인지 송나라 사람은 모내기를 하고는 매일 같이 논에 가서 벼가 얼마나 자랐는지 지켜봤습니다. 하지만 하루 이틀 안에 눈에 띌 만큼 자랄 리가 없지요. 벼가 빨리 자라기를 바라는 마음에 그는 벼를 조금씩 뽑아 올렸어요. 당장 눈으로 보기엔 벼가 많이 자란 것처럼 보이겠지요. 하지만 무리하게 뽑아 올린 벼 싹은 제대로 뿌리를 내릴 수 없었지요. 그 일을 하고 집에 돌아와 가족들에게 자랑하듯 이야기하니 놀란 아들이 달려갔지만 이미 벼 싹이 말라 죽은 후였습니다.

맹자는 덕을 쌓는 공부를 하는 사람이 빠지기 쉬운 유혹이 '조장'助長하는 것이라고 했습니다. 꾸준히 공부하고 덕을 쌓으며 선을 행하기를 게을리하지 않으면 자기도 모르는 사이에 성인의 경지에 오를 수 있을 텐데 인내하지 못하고 조급하게 결과를 바라다 보면 조장하게 되고 결국 다 망치게 된다는 것입니다. 수많은 시련에도 실망하지 않고 인내하며 꾸준히 해 나간다면 목표한 바에 도달할 것입니다. 공부를 하거나 악기를 배우는 것에도 인내가 필요하듯이 신앙인의 삶에도 많은 인내가 필요합니다. 인내로이 주님의 말씀을 키우는 사람만이 좋은 열매를 맺을 수 있습니다. 씨 뿌리는 사람의 비유에서 예수님께서는 말씀하십니다.

"좋은 땅에 있는 것은, 좋고 선한 마음으로 말씀을 듣고 지켜서 참고 견디는 가운데 열매를 맺는 사람들을 가리킵니다"(루카 8,15).

꾸준히 선을 행하는 사람이 드뭅니다. 조금 해 보고 안 되면 쉽게 포기해 버립니다. 그러고는 다른 것을 찾아 나서지요. 빨리, 바로, 즉석에서 해결되어야 합니다. '즉석'即席이란 말은 '그 자리에서 바로'라는 의미입니다. 바쁜 세상에서는 식사도 즉석으로 해결할 수 있는 인스턴트식품이 유행이지요. 신앙도 마찬가지입니다. 하느님께 기도하고 바로바로 해결되어야 직성이 풀립니다. 기도했는데 당장 들어주지 않으시면 하느님께 실망한 채 떠나가 버립니다. 이러니 꾸준히 인내하며 충실히 주님을 기다리는 신앙인은 오히려 미련한 사람처럼 여겨지기도 합니다. 그러나 우리는 야고보 서간의 말씀을 되새겨야 합니다.

> "여러분의 신앙의 시험은 인내를 길러 줍니다. 아무쪼록 이 인내력이 완전한 업적을 가져오도록 하시오. 그래야 여러분은 조금도 부족함이 없이 완전하고 온전한 사람이 될 것입니다"
> (야고 1,3-4).

동양의 성현들은 이렇게 쉬지 않고 끊임없이 노력하는 자세를 자연의 운행에서 본받았습니다. 특히 하늘은 한결같이 우리 위에서 쉬지 않고 자신의 본분을 다합니다. 태양이 뜨고 지고, 사계절은 어김없이 돌아옵니다. 『주역』에서는 이런 하늘의 도를 보고 본받아 인간이 어떻게 살아야 하는지를 제시합니다.

> "하늘의 운행이 굳건하니, 군자는 이것을 보고 본받아, 스스로 굳건한 마음으로 쉬지 않고 노력한다."[2]

여기서 나온 말이 "자강불식"自强不息입니다. 대자연의 변화는 한 치의 어긋남도 없이 한결같습니다. 그처럼 군자는 이것을 본받아 굳건한 마음으로 지치거나 게을러지지 않도록 노력하며 덕을 쌓아 나가야 한다는 뜻이겠지요.

인내는 하느님께서 우리의 회개를 인내로이 기다려 주시는 마음입니다. 그리고 우리도 하느님의 마음을 닮아 다른 이들의 잘못을 참아 주고 용서해 주는 마음입니다. 또한 나 자신도 인내로이 시련을 이겨 내며 하느님의 가르침을 충실히 지켜 나가는 것입니다. 그러니 인내가 얼마나 소중한 열매인지 모릅니다. 우리의 힘만으로는 어렵고 성령께서 우리 안에 열매 맺게 해 주시기를 기도해야 할 것입니다. 인내를 뜻하는 한자 '인'忍은 칼날 인刀자와 마음 심心자가 합해진 글자입니다. 인내란 칼로 마음을 도려내듯 힘든 작업입니다. 마음에 칼로 새기듯이 강한 의지로 참고 이겨 나가야 하는 것이 인내입니다. 세상은 빠른 것을 미덕으로 여기고, 사람들은 힘들고 어려운 것은 회피하려고 합니다. 이런 세상 속에서 우리 신앙인은 더욱 자신의 믿음을 굳게 하며 인내로이 주님께서 가신 길을 따라가야 하겠습니다. 비록 그 길이 힘든 십자가의 길이라 할지라도 그 길은 하느님 나라의 영원한 생명으로 이어진다는 믿음을 갖고 꿋꿋하게 사랑을 실천합시다.

"우리가 보지 못하는 것을 희망한다면 우리는 참을성 있게 기다립니다"(로마 8,25).

---

1 『맹자』「공손추」公孫丑 上 2. "宋人有閔其苗之不長而揠之者, 芒芒然歸, 謂其人曰, 今日病矣! 予助苗長矣! 其子趨而往視之, 苗則槁矣. 天下之不助苗長者寡矣. 以爲無益而舍之者, 不耘苗者也, 助之長者, 揠苗者也. 非徒無益, 而又害之."
2 『주역』「건괘 · 대상전」乾卦 · 大象傳. "天行健, 君子以自强不息."

2장_인仁이란 사람의 마음이다   119

친절

간혹 카페나 식당에서 어린 종업원에게 함부로 반말을 하거나 무시하는 어른들의 모습을 볼 때가 있습니다. '자기 자식이 저런 대접을 받는다는 걸 안다면 저렇게 행동하지는 않을 텐데'라는 생각이 듭니다. 학비에 보태기 위해 아르바이트를 하는 학생이거나 남들보다 일찍 사회생활을 시작한 청년인 그들에게 같은 어른으로서 제가 미안한 마음이 들 정도입니다. 우리는 타인에게 호의를 품고 친절을 베푸는 행동을 보게 되면 자신의 일이 아니더라도 흐뭇한 마음이 듭니다. 하지만 무례하거나 불친절한 모습을 볼 때면 불쾌하고 화가 나는 것이 인지상정이지요.

바오로 사도가 소개하는 다섯 번째 성령의 열매는 "친절"입니다. 그리스어로 "크레스토스"χρηστός라고 하는데, '친절', '인자', '용서', '자비', '호의'라는 말로 번역되고는 합니다. '이웃을 따뜻

하고 우호적으로 대하는 것'인 친절은, 그 사람 안에 계신 예수님
을 생각할 때 쉽게 실천할 수 있습니다.

> "너희가 이 지극히 작은 내 형제들 가운데 하나에게 해 주었
> 을 때마다 나에게 해 준 것이다"(마태 25,40).

우리가 이웃에게 베푼 친절이 곧 주님께 베푼 것이라는 이 놀라
운 사실을 잊어서는 안 됩니다. 하지만 단순히 이런 이유 때문에
이웃에게 친절을 베푸는 것은 아닙니다. 이러한 친절은 성령께서
우리 안에 맺어 주시는 열매이기에, 밖에서 배워서 억지로 하는
행동이 아니라 내면에서 우러나오는 자연스러운 행동입니다. 이
런 생각은 유가 전통에서 당연시되어 왔습니다. 맹자는 구체적인
예를 들면서까지 자세하게 이야기합니다.

> "만약 지금 어떤 사람이 문득 어린아이가 우물에 빠지려는 것
> 을 본다면 모두 놀라고 측은히 여기는 마음을 갖게 될 것이
> 다. 그런데 그것은 어린아이의 부모와 내밀한 관계를 맺고자
> 해서 그런 것이 아니요, 마을의 친구들에게 명예를 얻고자 해
> 서 그런 것도 아니며, 그 울음소리가 듣기 싫어서 그런 것도
> 아니다. 이로 미루어 보건대, 측은히 여기는 마음(측은지심)이
> 없으면 사람이 아니며, 부끄러워하고 미워하는 마음(수오지심)
> 이 없어도 사람이 아니며, 거절하고 양보하는 마음(사양지심)이

없어도 사람이 아니고, 시시비비를 가리는 마음(시비지심)이 없어도 사람이 아니다."[1]

어린아이가 우물가에서 놀다가 우물에 빠지려고 하는 것을 목격한다면 누구나 깜짝 놀라며 불쌍한 마음이 들 겁니다. 얼른 달려가 구해 주려고 하겠지요. 이는 어떤 의도가 있어서 하는 행동이 아닙니다. 계산적인 생각이 들기도 전에 본능적으로 튀어나오는 행동입니다. 이것으로 미루어 보면, 사람은 마음 안에 선한 본성을 지녔다는 것을 알 수 있다는 것입니다. 맹자는 계속해서 강조합니다.

"인의예지가 밖으로부터 나에게 녹아 들어온 것이 아니다. 내가 본디 가졌던 것이지만 생각하지 않을 따름이다."[2]

어진 마음(仁)이나 정의를 추구하는 마음(義), 남을 배려하는 마음(禮)과 무엇이 옳고 그른지 아는 지혜(智)는 학습을 통해 배웠거나 다른 외부적인 요인으로 어쩔 수 없이 행하는 것이 아니라 나의 내면에 원래 갖추어져 있다는 말입니다. 즉, 하느님께서 인간 내면에 깊이 심어 주신 본성입니다. 그런데 우리 주변에는 왜 이렇게 무례하고 불친절한 사람이 많을까요? 그리고 사람은 왜 그리 이기적이고 자기 욕심만 채우려 할까요? 어릴 때부터 경쟁에 시달리다 보니 이웃은 친절을 베풀어야 하는 대상이 아니라 이겨야 하는 대상이 되어 버린 건 아닐까요?

하지만 이웃은 경쟁 상대가 아니라 사랑해야 할 대상이며, 하느님께서 창조하신 나와 같은 피조물이고, 함께 주님의 성체를 받아 모시는 형제자매입니다. 수운 최제우 선생에서 비롯된 동학東學 사상은 "인내천"人乃天, 즉 '사람이 곧 하늘'이라고 이야기합니다. 하느님을 섬기듯이 사람을 대해야 한다고 가르칩니다(事人如天). "사람이 오거든 한울님이 온다고 하여라. 어린아이를 때리지 마라. 이는 한울님을 때리는 것이다."[3] '모든 사람 안에 하느님이 계시다. 그러니 하느님을 모시듯 그 사람을 대해야 한다. 가장 보잘것없고 약한 어린아이에게도 하느님은 똑같이 계시다.' 이런 생각들이 일제 식민지 시절, 가장 어려운 시기에 우리 민족에게 심어진 사상입니다. 이는 예수님의 가르침과 다르지 않습니다.

> "이 어린이처럼 자신을 낮추는 그런 사람이야말로 하늘나라에서 제일 큰 사람입니다. 그리고 내 이름으로 이런 어린이 하나를 받아들이는 사람은 나를 받아들이는 것입니다"(마태 18,4-5).

다른 이에게 호의를 베풀고 친절하게 대하는 것은 결국 하느님께 친절을 베푸는 것입니다. 바로 이 사실이 우리에게 희망이 되고 인내하며 꾸준히 선한 일을 할 수 있도록 힘을 줍니다. 하지만 이런 친절을 베푸는 데 있어서도 중요한 사실이 하나 있습니다. 친절을 베풀어도 내 생각대로, 내가 원하는 방식으로 베푸는

것이 아니라 상대방의 입장을 헤아려 상대를 배려하는 마음으로
해야 한다는 것입니다. 타인을 배려하는 마음 없이 일방적으로
베푸는 것은 자기만족일 수 있으며 더 나아가서 또 다른 폭력이
될 수도 있습니다. 공자도 인仁을 베푸는 이들이 꼭 명심해야 할
사항으로 타인에 대한 배려를 강조했습니다.

"내가 원하지 않는 것을 남에게도 베풀지 말라."[4]
"무릇 어진 사람은 자기가 (바로) 서고자 하면 남도 서게 해
주고, 자기가 달성하고자 하면 남도 달성하게 해 준다."[5]

"사람들이 여러분을 위해 해 주기 바라는 것을 그대로 그들에
게 해 주시오"(마태 7,12).

다른 이를 먼저 배려하는 마음은 동서양을 넘어 모든 인류에게
보편적으로 해당하는 황금률입니다. 가장 보잘것없는 이에게 친
절을 베푸는 주님의 자녀가 되어야겠습니다.

1　『맹자』「공손추」公孙丑 上 26 "今人乍見孺子將入於井, 皆有怵惕惻隱之心, 非所以
內交於孺子之父母也, 非所以要譽於鄉黨朋友也, 非惡其聲而然也. 由是觀之, 無惻隱
之心, 非人也. 無羞惡之心, 非人也. 無辭讓之心, 非人也. 無是非之心, 非人也."
2　『맹자』「고자」告子 上 11. "仁義禮智, 非由外鑠我也, 我固有之也, 弗思耳矣."
3　최시형『內修道文』제4조.
4　『논어』「안연」顏淵 2. "己所不欲, 勿施於人."
5　『논어』「옹야」雍也 29 "夫仁者, 己欲立而立人, 己欲達而達人."

⊛ 착함

당신은 착합니다

뉴스에 날마다 흉악한 사건이 나오면 우리 마음도 안타깝고 무거워집니다. 그러다 간혹 착한 사람들의 이야기가 소개되면 마음이 따뜻해지고 이 세상이 그래도 살 만하다는 생각이 들지요. 지하철 선로에 떨어진 사람을 용감한 시민들이 구해 줬다거나, 차에 깔린 사람을 구하기 위해 지나가던 사람 수십 명이 힘을 합쳐 차를 들어 올렸다는 이야기가 보도되면 마치 내가 착한 일을 한 양 입가에 미소가 지어집니다. 맹자의 말처럼 모든 사람의 마음 안에는 어진 마음이 있어서 선의가 다른 이에게 전달되면 그 사람 안에 있는 어진 마음도 같이 드러나는 것 같습니다.

경쟁 사회를 살아가면서 착하게만 살면 안 된다고 흔히 이야기합니다. 하지만 세상을 각박하지 않고 살 만한 세상으로 만들어 주는 것은 착한 사람들의 착한 행동인 것 같습니다. 나보다 어려운 사람을 보면 선의의 마음으로 도와주는 실천이, 다른 이들을 배려하고 나보다 남을 먼저 생각하는 바보 같은 행동이 하느님 나라를 이 땅에 실현하는 밑거름이 됩니다.

성령의 여섯 번째 열매 "착함"에 관해 살펴봅시다. 새『성경』에는 "선의"라고 번역되었죠. 『가톨릭대사전』에서는 착함(선의)을 정의하면서 단순히 마음의 상태가 아니라 행동으로 옮기는 실천이 중요하다고 강조합니다. "성서에서 뜻하는 착함은 남에게 해를 끼치지 않는다는 소극적인 의미 정도가 아니라, 남이 곤경에 처했을 때 호의적으로 관여하고 기꺼이 도와주고자 하는 적극적인 마음을 가리킨다." 그냥 단순히 착한 마음, 선의를 지니고 있다는 것은 아무 의미가 없습니다. 적극적으로 실천에 옮기는 것이 중요합니다. 가난하고 불쌍한 사람을 도와야 한다는 사실은 누구나 머릿속으로 알고 있지만, 그것을 직접 행동으로 옮기는 이는 많지 않습니다.

프란치스코 교황께서는 자비의 실천에 관해 언급하시면서 "실천 없는 자비는 죽은 것"이라고 강조하셨습니다. 마음속으로만 선의를 품고 있다면 그것은 죽은 것입니다. 내 마음의 선의(착함)가 밖으로 드러나 도움을 필요로 하는 이웃에게 직접 베풀어질 때 비로소 진정으로 열매 맺는 성령의 열매가 될 것입니다.

성경의 '착한 사마리아 사람의 비유'에서도 예수님은 누가 내 이웃인지 묻고 따지는 게 중요한 것이 아니라, 곤경에 처한 사람의 이웃이 되어 주는 것이 중요하다는 것을 강조하십니다.

"누가 저의 이웃입니까?" … "가서 당신도 그렇게 행하시오"(루카 10,29-37).

동양의 유가 전통에서도 '실천'은 중요한 문제였습니다. 배움을 중요시했지만 배운 것을 몸으로 익히고, 실천하지 않는다면 제대로 안다고 할 수 없습니다. 배운 지식이 많아 말만 번지르르하게 잘하는 것은 아무 의미가 없으며, 도리어 배우지 못한 것보다 나쁘다고 여겼습니다.

> "(군자란) 먼저 그 말을 실행하고 그 후에 (말이) 행동을 따르는 것이다."[1]
> "옛 사람들이 말을 쉽게 내지 않은 것은 자신의 행함이 미치지 못할 것을 부끄럽게 여겼기 때문이다."[2]
> "군자는 말은 어눌하고 행동은 민첩하게 하고자 한다."[3]

이처럼 『논어』에는 말보다 실천이 앞서야 한다는 공자의 가르침이 곳곳에서 소개되고 있습니다. 사람이라면 누구도 예외 없이 어진 마음(仁)이 갖춰져 있다는 것을 앞에서도 언급했었지요. 하지만 그 착한 마음을 속으로만 간직하며 살아간다면 그것은 마치 한 탈렌트를 받은 종이 땅에 묻어두고 아무것도 하지 않는 것과 같습니다(마태 25,14-30 참조). 그런 종은 나중에 주인이 돌아왔을 때, '악하고 게으른 종'이라며 벌을 받을 것입니다. 말씀에 대한 실천은 신약성경 전반에 걸쳐 끊임없이 강조되고 있습니다.

> "나더러 '주님, 주님' 하는 사람마다 하늘나라에 들어가는 것
> 이 아니고 하늘에 계신 내 아버지의 뜻을 행하는 사람이라야
> 들어갈 것입니다"(마태 7,21).
> "말씀을 행하는 사람이 되시오. 말씀을 듣기만 하여 자신을
> 속이는 사람이 되지 마시오"(야고 1,22).

말과 행동이 일치하는 사람은 쉽게 말을 내뱉지 않습니다. 그런
사람이 하는 말에는 힘이 있습니다. 그런가 하면 말만 앞세우고
행동이 뒤따르지 않는 사람도 있습니다. 대표적인 경우가 정치인
들입니다. 국회의원들이 선거 전에는 공약을 마음껏 제시하고서
당선된 후에 약속을 지키지 않는 경우가 많습니다. 공약公約이 공
약空約이 되는 겁니다. 이런 정치인들은 국민의 신뢰를 오래 유지
하기 힘듭니다. 언행일치言行一致를 이루는 참다운 정치인이 되
는 것은 정말 불가능할까요?

명나라 때 유학자인 왕양명王陽明은 "지행합일"知行合一이라는 이
론을 이야기했습니다. 아는 것과 행하는 것은 둘이 아니라 하나라
는 것입니다. 내가 어떻게 살아야 하는지 '아는 것'과 그것을 직접
'실천하는 것'은 별개의 것이 아니라는 말이지요. 기존의 주자학
에서는 아는 것과 행하는 것을 별개로 여겼습니다. 제대로 알아야

올바로 실천할 수 있다고 보고 "선지후행"先知後行설을 강조했습니다. 이에 대해서 왕양명은 반론을 폈습니다. 안다는 것과 그것을 행하는 것은 결코 뗄 수 없다는 것입니다. 내가 아는 것을 실행하지 못한다면 그것은 제대로 알지 못한 것이라고 주장했습니다. 예를 들어, 내가 부모님께 효도해야 한다는 사실을 배워 알게 되었다고 하면서 효도를 실행하지 않는다면 그것은 효도에 대해서 진정으로 안다고 할 수 없다는 것입니다.

> "앎의 진실하고 독실篤實한 곳이 곧 행함(行)이요, 행함의 밝게 깨닫고 정확하게 살피는 곳이 곧 앎이니, 앎과 행함의 공부는 본디 분리할 수 없다."[4]

우리에게는 착한 마음이 있습니다. 선의로 이웃을 대합니다. 하지만 이 선의가 실천으로 이어지지 못한다면 겉과 속이 다른 위선자가 되고 말 것입니다. 성령께서 우리 안에 맺어 주시는 선의(착함)의 열매가 잘 익어 훌륭한 열매가 될 수 있도록 오늘도 이웃에게 자비를 베푸는 주님의 착한 양이 되어야 하겠습니다.

---

1 『논어』「위정」爲政 13. "先行其言, 而後從之."
2 『논어』「이인」里仁 22. "古者言之不出, 恥躬之不逮也."
3 같은 책 24. "君子欲訥於言, 而敏於行."
4 왕양명 『전습록』傳習錄 권2. "知之眞切篤實處, 卽是行. 行之明覺精察處, 卽是知. 知行工夫本不可離."

성실

하늘처럼 성실할 수 있기를 …

어짊을 중요시한 공자도 화를 낼 때가 있었습니다. 어느 날 재여 宰予라는 제자가 낮잠을 자는 것을 보고, "썩은 나무는 조각할 수가 없고, 썩은 흙으로 쌓은 담은 손질할 수가 없다"라며 호되게 꾸짖었습니다. 재여는 공자의 제자였지만 열심히 배우지도 않았고 실천으로 행하는 데도 게을렀나 봅니다. 재여를 야단친 공자는 이런 말을 덧붙였습니다.

> "처음에 나는 사람을 대할 때 그의 말을 듣고 그의 행동을 믿었다. 지금은 사람을 대할 때 그의 말을 듣고 그의 행동을 살펴보게 되었다. 재여 때문에 이렇게 바꾸었다."[1]

말과 행실이 같아야 하는 것이 동양에서는 매우 중요한 덕목입니다. 상대방에 대한 믿음은 그가 뱉은 말대로 성실하게 실천하는 것을 볼 때 생겨납니다. 공자는 예전에는 사람의 말을 들으면 그의 행동까지 그러할 것이라고 믿었는데, 이제는 그렇지 않다는 것이지요. 그 사람의 말을 듣더라도 일단 그의 행동이 성실히 수행되는지 살펴본 다음에야 그를 믿을 수 있게 되었다는 것입니다. 그렇게 된 것이 재여 때문이라고 하니 얼마나 심한 질책인지 알 수 있습니다. 재여는 말은 청산유수였지만 행동이 말을 따르지 못했다고 합니다. 낮잠 한 번 잔 걸 가지고 이렇게나 심하게 야단을 치지는 않았겠지요. 평소 행실이 성실함과는 거리가 한참 머니 이 일을 계기로 정신 차리라고 심하게 질책했을 겁니다.

비단 재여의 경우만이 아닙니다. 우리도 그렇지요. 요즘 세상에 남이 하는 말만 듣고 그 사람을 온전히 믿기는 힘듭니다. 거짓말로 남을 속이는 사람도 많고, 열심히 하겠다고 하고서는 실천하지 않는 사람도 많기 때문입니다. 그래서 그 사람의 행동을 잘 살펴본 연후에, 성실한 모습을 보게 되면 그제야 비로소 신용이 싹틉니다. 그래서 성령의 아홉 가지 열매 가운데 일곱 번째인 "성실"은 "신용"과 통하는 말입니다. 공동번역 성서에서는 "신용"이라고 번역되었지요. 『가톨릭대사전』에서도 "신용의 열매란 거짓이 없어 믿을 수 있고 착수한 일을 끝까지 완수하는 충실성을 의미한다"라고 이야기하고 있습니다. 자신이 맡은 일에 최선을 다하며 성실히 임하는 사람은 참으로 믿음직하지요. 반면에 말만 앞세우고 실천하지 않거나, 처음에는 열심히 시작하지만 얼마 못 가 지쳐 포기하는 경우를 자주 볼 수 있습니다. 우리의 모습이기도 하고요. 작심삼일作心三日인 경우가 얼마나 많습니까?

성실이라는 말을 떠올리면 자연스레 성경의 "두 아들의 비유"(마태 21,28-31)가 떠오릅니다. 아버지가 두 아들에게 포도밭에 가서 일하라고 시켰습니다. 맏아들은 싫다고 했지만 나중에 마음을 바꿔서 일하러 갔습니다. 다른 아들은 일하러 가겠다고 하고는 가지 않았다고 합니다. 복음의 이 비유는 하늘나라에 초대받았지만 응하지 않는 이들을 둘째 아들로 비유하여 꾸짖는 내용입니다. 반면에 세리, 창녀들처럼 처음엔 응하지 않았지만 늦게 뉘우치고 하느님의 뜻을 따르는 이들을 칭찬하는 내용이지요. 하지만 저는 이 복음을 읽으며 아버지가 참 딱하다는 생각이 들었습니다. 제대로 아버지의 뜻을 따라 실행한 아들은 한 명도 없었으니까요. 가장 바람직한 아들의 모습은 대답도 잘하고 성실히 일하는 아들이겠지요. 둘째 아들은 대답은 시원하게 해 놓고는 실행으로 옮기지는 않았습니다. 맏아들은 대놓고 아버지의 말씀을 거역했습니다. 나중에라도 뉘우치고 실천한 건 잘한 일이지만, 대답도 잘하고 일을 마칠 때까지 끝까지 성실하게 임하는 자세에 비할 바는 아니지요.

성령의 도움으로 맺는 성실(신용)의 열매는 주님의 부르심에 거침없이 응답하고, 그 응답에 성실하게 실천하며 끝까지 완수하는 것을 의미합니다. 나의 십자가를 지고 주님께서 걸어가신 그 길을 뒤돌아보지 않고 끝까지 걸어가는 것이지요.

유가 철학의 전통에서도 성실함(誠)은 최고의 덕목이었습니다. 자신의 말에 책임을 지고 실행해 나가는 것, 올바로 배우고 도덕적으로 바른 삶을 살며 타인을 사랑하는 삶은 잠시도 게을리할 수 없는 일이었습니다. 쉽지 않은 일이지요. 하지만 선조들은 살아생전 성실히 삶에 임하고 죽음을 맞아 의연할 수 있는 기상을 가지려고 노력했습니다. 유가 사상의 심오한 철학을 담은 『중용』에 이런 구절이 나옵니다. 아주 중요한 구절이지요.

"성실함은 하늘의 도이며, 성실하고자 하는 것은 사람의 도이다."[2]

하늘은 성실합니다. 자연의 운행은 지치거나 쉼이 없고, 게을러지는 법도 없습니다. 지구는 멈추지 않고 한결같이 태양 주위를 돌며, 봄 · 여름 · 가을 · 겨울은 끊임없이 되풀이됩니다. 우리 선조들은 신비하지만 쉼 없이 성실하게 운행하는 대자연의 모습을 보면서 성실함이야말로 하늘의 도(天之道)라고 여겼습니다. 그리고 이 하늘의 도를 보고 인간이 자기에게 주어진 길을 어떻게 걸어가야 할 것인지를 깨달았습니다(人之道). 성실함은 하늘의 도입니다. 인간이 성실함을 온전히 이루어 낼 수는 없다고 여겼습니다. 다만 하늘의 도를 보고 배워 최대한 성실하려고 노력하는 것이 인간이 나아가야 할 길(道)이라고 생각했습니다. 사람이 성실하게 자신의 길을 걸어갈 수 있는 것은 하느님께서 제시해 준 길이 있기 때문입니다. 하느님이야말로 한결같은 사랑으로 우리를 대하시는 성실함의 전형이십니다.

> "여러분의 하늘의 아버지께서 완전하신 것같이 여러분도 완전해야 합니다"(마태 5,48).

성실한 마음으로 나에게 주어진 길을 걸어가기가 쉽지 않습니다. 세상에는 쟁기를 잡고도 자꾸만 뒤돌아볼 유혹거리가 많습니다. 주변 사람들의 말 한마디에, 무심함에 마음은 쉽게 상처받고 흔들립니다. 그럼에도 내 십자가를 지고 주님께서 걸어가신 길을 꿋꿋하게 걸어가야 하겠습니다. 물론 나의 힘만으로는 부족합니다. 성령께서 우리 안에 성실의 열매를 맺어 주실 것입니다. 성실이란 앞뒤 재지 않고 무식하게 밀어붙이기만 하는 태도가 아닙니다. 내가 응답했고, 한번 가기로 결심한 길이라면 끝까지 최선을 다해 가는 힘입니다. 주님께서 포도밭에 일하러 가겠느냐고 부르십니다. 우리는 모두 가겠다고 응답한 사람들입니다. 그런데 둘째 아들처럼 응답은 잘해 놓고 일하기 싫어 늑장을 부리거나 다른 핑계를 대고 있는 건 아닌지 모르겠습니다. 가야 할 길을 묵묵히 걸어가는 성실함이 더욱 절실히 느껴지는 시절입니다.

---

1 『논어』「공야장」公冶長 10. "始吾於人也, 聽其言而信其行. 今吾於人也, 聽其言而觀其行. 於予與改是."
2 『중용』 20. "誠者, 天地道也. 誠之者, 人之道也."

온유

부드러움이 강함을 이깁니다

요즘에는 쾌청한 날을 만나기가 힘듭니다. 미세먼지와 황사, 여름의 내리쬐는 태양 빛, 폭우와 태풍, 겨울의 시린 바람과 눈 폭탄에 마음까지 갑갑해질 때가 많습니다. 그래도 가끔 그윽한 바람이 불고 평화로운 날을 맞으면 저는 가끔 시끄러운 도심을 벗어나 교외로 나가 한적한 시골길을 걷습니다. 휴대전화도 내려놓고 산과 하늘을 보며 조용히 걷습니다. 마음도 한결 차분해지고 평화로워집니다. 그 고요함 속에서 하느님의 사랑을 느낍니다.

제가 좋아하는 구약성경의 한 장면이 있습니다. 열왕기 상권 19장에 나오는 내용입니다. 엘리야 예언자가 바알신을 섬기는 거짓 예언자들을 죽이고 호렙산에서 하느님을 만나는 장면입니다. 그가 주님 앞에 섰는데, 크고 강한 바람이 불어 바위를 부수었습니다. 하지만 주님께서는 바람 가운데에 계시지 않았습니다.

바람이 지나간 뒤에 지진이 일어났습니다. 대자연의 엄청난 위력 앞에서 공포에 질렸겠지요. 하지만 주님께서는 지진 가운데에도 계시지 않았습니다. 지진이 지나간 뒤에 불이 일어났습니다. 모든 걸 집어삼킬 것처럼 크고 뜨거운 불이었겠지요. 그러나 주님께서는 불 속에도 계시지 않았습니다. 마침내 이 불마저도 지나간 뒤에 조용하고 부드러운 주님의 소리가 들렸습니다. 드디어 엘리야가 주님을 만나는 순간입니다. 하느님께서는 이렇듯 고요함과 부드러움 속에서 당신의 현존을 드러내시는 분입니다. 그런 하느님이셔서 참으로 좋습니다. 요란하고 엄청난 힘을 드러내며 무섭게 당신을 드러내지 않고 조용하고 고요함 가운데서 온화하고 부드럽게 나타나시는 하느님이 참 좋습니다.

주님은 온유溫柔하신 분입니다. 그래서 온유한 사람은 주님을 많이 닮은 것 같습니다. 바쁘고 복잡한 세상, 모임도 많습니다. 어느 모임이든 사람들이 모인 곳에는 그 모임을 주도하는 사람이 있습니다. 적극적인 성격에 말도 잘해서 많은 이가 그를 따릅니다. 반면에 뒤에서 조용히 그 모임에 함께하는 이들도 있습니다. 그들은 말없이 묵묵히 모임에 '함께'합니다. 온유한 사람들입니다. 이들은 많은 말로 분란을 일으키지도 않고, 그렇다고 수동적으로 끌려가기만 하지도 않습니다. 조용하고 온화하지만 적극적으로 그 모임에 동참합니다. 어쩌면 온유한 사람들이 있기에 공동체가 유지되는 게 아닌가 합니다.

동양의 현자 가운데 온유함을 이야기하자면 공자를 빼놓을 수가 없겠지요. 『논어』에는 공자의 사람됨에 관해 소개하는 구절이 있습니다.

"공자께서는 온화하면서 엄숙하시며, 위엄이 있으면서도 사납지 않으시고, 공손하시면서도 편안하셨다."[1]

자하가 말했다. "군자에게는 세 번 변화가 있다. 멀리서 보면 엄숙하고, 가까이 가면 온화하고, 그 말씀을 들으면 확실하다."[2]

자하는 공자의 제자로, 그가 여기서 말하는 군자의 모범은 바로 선생님(공자)이었습니다. 제자의 눈에 비친 선생님의 모습은 멀리서 보면 풍기는 기운이 엄숙하지만 가까이 다가가면 온화하다는 것입니다. 하지만 그 가르침을 들어 보면 명확하다고 전하고 있습니다. 어느 학자는 이 구절을 설명하기를, 멀리서 보면 엄숙한 것은 예(禮)가 있어서이며, 가까이 가면 온화한 것은 어짊(仁)이 드러나서 그렇고, 그 말씀이 확실한 것은 의로움(義)이 발휘되었기 때문이라고 했습니다. 예가 갖추어져 있기에 멀리서 봐도 절도가 있고 흐트러짐이 없습니다. 그래서 다소 엄숙해 보인다는 것입니다. 하지만 가까이 가 보면 온화한 성품이 대하는 사람을 편하게 해 줍니다. 어진 마음이 가득해 얼굴에도 온화함이 드러나는 사람입니다. 너무 부드러워 물러 터진 것 같아 보이지만 그 사람이 말하는 것을 들어 보면 확실합니다. 의로움이 그 사람 안에 갖춰져 있어 옳고 그름을 명확히 밝히기 때문이지요.

자하가 말하는 군자의 모습을 보면서 자연스럽게 예수님의 모습이 떠오릅니다. 예수께서는 누구보다도 당신 자신이 먼저 온유한 분이셨습니다. 가장 가난한 모습으로 세상에 오셨고, 어린 시절에는 부모님께 순종하셨으며, 항상 가난한 이들과 병자, 죄인들 같은 사회의 약자들과 기꺼이 함께하셨습니다. 그리고 이렇게 가르치셨지요.

"나는 온유하고 마음이 겸손하기 때문입니다. 그러니 여러분의 영혼이 안식을 얻을 것입니다"(마태 11,29).

최후의 만찬 때 손수 제자들의 발을 씻어 주시는 모습과 당신의 몸과 피를 내어 주시며 성찬례를 제정하신 모습에서도 온유한 예수님의 모습을 볼 수 있습니다. 예수님의 온유함은 십자가를 받아들이신 것과 십자가 위에서도 박해하는 이들을 위해 용서를 청하신 데서 가장 잘 드러납니다.

이렇게 우리가 이번에 다룬 성령의 열매는 '온유'溫柔입니다. 『가톨릭대사전』에서는 온유한 사람이 되려면 자신에게 있는 강한 힘을 자제할 수 있는 용기가 있어야 한다고 합니다. 온유하다고 해서 약하고 힘없고 부드럽고, 그래서 조용히 있는 상태가 아니라는 것이지요. 세상은 온유한 사람을 인정하지 않습니다. 온유한 태도는 야망과 추진력이 없는 모습이라고 생각합니다. 경쟁 사회에서 온유함은 그리 달가운 덕목이 아닙니다. 사람들은 온유하기보다는 더 적극적이고 진취적인 성격을 갖기를 원합니다. 하지만 '온유는 자제된 힘이며 약자와 자신에게 해를 입힌 사람에게도 부드럽게 대할 수 있는 힘'입니다. 내면에 절제된 힘이 있는 자만이 온유할 수 있습니다. 드러나는 모습이 부드럽다고 해서 속도 그럴 것이라고 생각해서는 안 되지요. 그래서 외유내강外柔內剛이라는 말이 있나 봅니다. 노자도 이렇게 강조했습니다.

"부드러움이 강함을 이긴다."[3]
"단단하고 강한 것은 죽음의 무리이고, 부드럽고 약한 것은 삶의 무리이다."[4]

나이가 들수록 얼굴에 책임을 져야 한다고 말합니다. 화에 사로잡혀 얼굴이 굳어 있다거나 온갖 근심, 걱정이 가득해 얼굴에 어두운 그림자가 드리운 사람도 많이 볼 수 있습니다. 나이가 들수록 얼굴 가득히 온화한 기운을 드러낼 수 있어야 하겠습니다.

"복되어라, 온유한 사람들! 그들은 땅을 상속받으리니"(마태 5,5).

1 『논어』 「술이」述而 37. "子溫而厲, 威而不猛, 恭而安."
2 『논어』 「자장」子張 9. "子夏曰, 君子有三變, 望之儼然, 卽之也溫, 聽其言也厲."
3 『노자』 36. "柔弱勝剛强."
4 『노자』 76. "堅剛者死之徒, 柔弱者生之徒."

절제

절제를 통해 얻는 영혼의 자유로움

가을이 되면 나무를 보며 생각에 잠기곤 합니다. 봄에 새싹을 틔우고 화려한 꽃을 피우더니, 여름엔 무성하게 자란 잎이 숲을 신록으로 물들입니다. 그리고 가을이 되면 탐스러운 열매를 맺습니다. 그 다채롭고 풍성하던 나무는 가을이 깊어지면서 가진 것을 모두 내려놓습니다. 이파리에 공급되던 물과 영양분을 스스로 끊어 버리고 말라서 빛이 바래져 가는 잎을 미련도 두지 않고 떨어뜨립니다. 모든 걸 내려놓고 죽음 같은 겨울을 견디어 내면 다시 봄이 와 새싹을 틔운다는 사실을 나무는 깨닫고 있는 것입니다. 자연自然은 그 자연스러움으로 우리에게 어떻게 살아야 하는지를 드러내고 있습니다. 마치 하느님께서 자연을 통해 인간들에게 끊임없이 이야기하시는 듯합니다. 하지만 저는 가진 게 왜 이리 많은지요. 인사 이동이 있을 때마다 이삿짐을 정리하면서 느끼는 점은 혼자 사는 데 짐이 너무 많다는 것입니다. 평소에는 잊고 살다가 이사할 때마다 '참 많은 것을 소유하고 사는구나' 하며 반성하게 됩니다.

> "전대에 금화도 은화도 동전도 지니지 마시오. 길을 떠날 때에 자루도 속옷 두 벌도 신발도 지팡이도 지니지 마시오"(마태 10,9-10).
> "당신은 많은 일 때문에 걱정하며 부산을 떨지만 필요한 것은 한 가지뿐입니다"(루카 10,41).

꼼꼼하게 따져 보고 뭐든지 갖추고 있어야 하는 저의 성격에다가 편리한 물건이 너무나 많은 오늘날의 환경이 소비를 부추깁니다. 이것도 필요한 것 같고 저것도 있으면 좋을 것 같은 생각에 하나둘 모은 물건들은 점점 쌓여 갑니다. 게다가 '소비는 미덕'이라며 계속해서 소비할 것을 부추기는 자본주의 사회에서 단순하게 살기란 더욱 힘이 듭니다. 이런 현대사회에 노자의 가르침은 경종을 울립니다.

> "얻기 힘든 재화를 귀하게 여기지 아니하여 사람들이 도적질하지 않게 할 것이며, 욕심낼 만한 것을 보이지 아니하여 사람들의 마음을 어지럽게 하지 마라."

명품 가방과 옷, 고급 승용차 같은 얻기 힘든 재화, 욕심나는 것은 사람들의 마음을 어지럽힙니다. 그것을 소유하면 마치 나의 인격도 덩달아 고귀해질 것 같은 착각을 합니다. 매스컴에서는 끊임없이 더 비싸고, 더 화려하고, 더 고급스러운 것을 소비하라고 부추깁니다. 요리 대결과 맛집을 소개하면서 더 맛있고 호화로운 음식을 광고합니다. 하지만 욕망과 이기심은 밑 빠진 독처럼 채워지지 않고 계속해서 몸집을 불리며 결국에는 나 자신까지 집어삼켜 버립니다.

이런 욕망과 감정의 노예 상태에서 자유로워지고, 죄로 유인하는 잘못된 집착에서 벗어나도록 해 주는 성령의 열매가 바로 '절제'節制입니다. 단순히 가진 것을 줄이고 검소하고 소박하게 사는 것이 절제는 아닙니다. 욕망을 줄이고 나쁜 감정을 품지 않는 것도 절제이지만, 절제는 피하기만 하는 소극적인 윤리 덕목이 아니라 더욱 적극적인 의미를 지니고 있습니다. 절제를 통해 나는 내 몸과 정신의 주인이 됩니다. 소비의 유혹과 욕망의 달콤함에 현혹되어 영혼이 중독中毒되지 않고, 내 정신의 자유로움을 일깨워 주는 힘이 바로 절제입니다. 그래서 절제는 모든 덕의 기본이며 완성입니다. 옛 성현들도 절제를 통해서 끊임없이 자신을 돌아보고, 불의한 돈이나 권력에 자신의 의지와 지조가 흔들리지 않도록 노력해 왔습니다. "극기복례"克己復禮의 삶을 강조한 공자의 경지를 살펴볼까요.

"거친 밥을 먹고 물을 마시며, 팔을 굽혀 베개를 삼을지라도 즐거움이 또한 그 가운데 있도다. 의롭지 않으면서 부유하고 귀한 것은 나에게 뜬구름과 같으니라."[2]

거친 밥과 물로만 이루어진 보잘것없는 먹거리입니다. 안락한 침구는커녕 베개도 없어 팔을 베고 눕습니다. 앞에서 성령께서 주시는 기쁨의 열매에 관해 이야기할 때 같은 구절을 인용했습니다. 이렇듯 올바른 길道을 가는 이의 기쁨은 절제하는 가운데 있는 것인지도 모르겠습니다. 불의한 방법으로 얻은 재산(富)과 권력(貴)은 뜬구름처럼 덧없이 지나가 버리는 것이지요.

이른바 '김영란법'(청탁금지법)이 제정되었을 때, '어떻게 하면 법에 걸리지 않는지, 법망을 피할 수 있는지' 이런저런 문의가 쇄도하고, 관련자들을 대상으로 특강을 하고 책도 출판되었답니다. 법의 기본 정신과 취지에는 주목하지 않고 걸리느냐 걸리지 않느냐를 따지는 우스운 상황이 사실 지금도 벌어지고 있습니다. 정의로운 것인지 불의한 것인지는 누구보다 나 스스로가 잘 알고 있습니다. 내가 나를 절제할 수 있다면 신경 쓰지 않아도 될 일입니다. 욕망에 사로잡히고 집착하는 노예의 삶에서 나를 풀어 자유로움을 주는 도구가 바로 '절제'입니다. 그러니 절제를 실천한다는 것은 내가 내 몸, 내 마음, 내 정신, 내 의지의 주인이며 나의 영혼은 어디에도 속박되지 않고 자유롭다는 사실을 드러내는 행위입니다.

"군자가 먹는 데 배부르기를 구하지 않고, 거처하는 데 편하기를 구하지 않으며, 해야 할 일은 부지런히 하고, 말은 신중히 하며, 도덕과 학문이 높은 사람에게서 자신을 바로잡으면, 배우기를 좋아한다고 할 수 있다."[3]

절제의 삶은 어렵습니다. 옛 성현들도 평생을 추구했지만 죽을 때까지 욕망의 유혹과 감정의 집착에서 자유롭기는 힘들었습니다. 성령께서 열매 맺어 주시지 않으면 불가능할 것입니다.

"하느님께서는 우리에게 비겁함의 영을 주신 것이 아니라 오히려 능력과 사랑과 절제의 영을 주셨습니다"(2티모 1,7).

1 『노자』3. "不貴難得之貨, 使民不爲盜. 不見可欲, 使民心不亂."
2 『논어』「술이」述而 15. "飯疏食飮水, 曲肱而枕之, 樂亦在其中矣. 不義而富且貴, 於我如浮雲."
3 『논어』「학이」學而 14. "君子食無求飽, 居無求安, 敏於事而愼於言, 就有道而正焉, 可謂好學也已."

3장

사람의 마음은
위태롭기만 하고

『서경』「우서」'대우모'

끊어 버립니다

새해가 되면 우리는 한 해 계획을 세우고, 이런저런 각오를 다집니다. '책을 많이 읽겠다, 외국어 공부를 하겠다, 운동을 시작하겠다, 금연하겠다, 평일미사에 참여하고 봉사활동도 열심히 해 보겠다' 등의 할 일을 마음속에 그려 보고 다짐합니다. 잘못한 사람에게 용서를 청할 용기를 내어 보거나, 관계가 소원해진 사람들과 화해하겠다는 큰 결심을 하기도 하겠지요.

저는 '무엇을 하겠다, 이것은 꼭 이루겠다'는 계획보다 '이것만은 하지 말아야지, 이런 건 고쳐야지'라는 결심을 해 봅니다. 요즘 저의 눈에 들어온 글귀가 있습니다.

공자께서는 네 가지 태도를 없애셨으니, '무의(毋意), 무필(毋必),
무고(毋固), 무아(毋我)'이다.[1]

공자가 마지막까지 삶에서 끊어 내고자 했던 네 가지입니다. '무의'毋意란 사사로운 뜻이 없어야 한다는 말입니다. 내 마음대로 생각하거나 판단하거나 자기만 옳다고 여기는 생각을 없애야 한다는 것입니다. '무필'毋必은 꼭, 반드시 해야만 한다는 태도를 없애야 한다는 것입니다. 반드시 내가 주장하는 것이 관철되어야 한다는 생각은 억지를 불러옵니다. 바뀌는 상황에 맞게 적절히 변하고 조정될 수 있는데도 타협의 여지를 남기지 않는 사람들을 대하면 마치 벽을 마주 대하는 느낌이 듭니다. '무고'毋固는 고집을 버린다는 뜻입니다. 신념이나 원칙을 유지하는 것은 바람직하지만 내가 주장하는 고집이 그 원칙인지는 알 수 없습니다. 열린 마음으로 다른 사람들의 의견에 귀 기울여야 독단에 빠지지 않을 수 있습니다. 한결같은 마음을 유지하는 것과 독단적인 고집을 피우는 것은 다르지요. 마지막으로, '무아'毋我는 자신을 버려야 한다는 것입니다. 아집을 없애는 태도입니다. 아집이 강한 사람은 자신의 생각에만 사로잡혀 타인을 배려할 줄 모릅니다. 무아毋我는 자신을 사랑하지 말라는 뜻이 아닙니다. 선현들도 "지혜로운 사람은 자신을 알고, 어진 사람은 자신을 사랑한다"[2]라고 하셨기 때문입니다. 자신을 사랑할 줄 모르는 것도 문제지만, 너무 자기애가 강해서 모든 일에 자기 생각만 하고 자신의 이익만 추구한다면 그 사람 안에 하느님께서 들어오실 자리는 없을 것입니다. 다른 이웃을 받아 줄 여유도 당연히 없겠지요.

이 네 가지를 완전히 끊을 수는 없겠지요. 하지만 책상 앞에 붙여 두고 자주 자신을 돌아보고 성찰한다면, 조금은 달라진 내가 되어 있겠지요. 나의 완고함을 내려놓고 진정으로 나를 사랑하는 내가 되길 바라 봅니다. 자신을 비운 자리는 하느님께서 사랑으로 채워 주실 것입니다.

---

1 『논어』「자한」子罕 4. "子絶四, 毋意, 毋必, 毋固, 毋我."
2 『순자』「자도」子道 6. "知者自知, 仁者自愛."

미워할 결심

저는 요즘 '제대로 미워해 볼 결심'을 하고 있습니다. '미워하기'
라니 좀 의아하시죠? 누구를, 무엇을 미워해야 할까요? 공자의
제자 중 언변이 좋기로 유명한 자공子貢이 스승 공자에게 미워하
는 것에 대해서 질문을 던졌습니다.

자공이 물었다. "군자도 미워하는 것이 있습니까?" 공자께서
말씀하셨다. "미워하는 것이 있다. 남의 나쁜 점을 말하는 사
람을 미워하며, 아랫사람으로서 윗사람을 헐뜯는 사람을 미
워하며, 용맹하기만 하고 무례한 사람을 미워하며, 과감하기
만 하고 꽉 막힌 사람을 미워한다." 그러자 자공이 말했다. "저
또한 미워하는 것이 있습니다. 남의 훌륭한 뜻과 생각을 베껴
자기 지혜로 삼는 사람을 미워하며, 공손하지 않은 것을 용감

한 것으로 여기는 사람을 미워하며, 들추어내는 것을 정직하다고 여기는 사람을 미워합니다."[1]

도덕적으로 훌륭하고 끊임없이 덕을 쌓아 나가는 군자君子라 하더라도 당연히 미워하는 것이 있습니다. 어진 마음(仁)을 강조한 공자도, 그의 가르침을 따르는 제자 자공도 무조건 사람들을 받아 주고 친절하기만 하지는 않습니다. 오히려 더 확고한 도덕적 기준으로 사람들을 사랑하고 미워합니다.

　원수까지 사랑하라고 하신 예수님께서도 미워하신 이들이 있지요. 불의를 일삼고 약한 이들을 괴롭히는 나쁜 사람을 눈감아 주고 참으라고 하지 않으셨습니다. 무조건 참고 용인하는 것은 올바른 사랑이 아닐 것입니다. 정의가 빠진 너그러움은 사랑이 아니라 타협이며 비겁함입니다. 마태오 복음서 23장에는 예수님께서 무엇을 미워하는지에 관한 말씀이 나옵니다. 예수님께서는 겉과 속이 다른 위선자에 대해서 크게 꾸짖으십니다. 특히 사회 지도층인 율법 학자들과 바리사이들의 위선을 미워하십니다. 그들은 인사받기 좋아하고, 무겁고 힘겨운 짐을 다른 사람들 어깨에 올려놓고 자신은 손가락 하나 까딱하지 않습니다. 잔칫집에서 윗자리를 좋아하고 남에게 보이려고 기도는 큰 소리로 합니다. 잔과 접시의 겉은 깨끗이 하지만, 그 안은 탐욕과 방종으로 가득 차 있다고 꾸짖으십니다.

나는 어떤 사람을 미워하는지 생각해 보았습니다. '말만 앞세우며 행동이 따르지 않는 사람을 미워합니다. 자기보다 높은 사람에게는 잘 보이려 하면서도 약하고 힘없는 사람을 함부로 대하는 사람을 미워합니다. 자신이 처한 온갖 상황을 핑계로 합리화하며 신앙생활과 사랑의 의무를 다하지 않는 사람을 미워합니다. 자기 자신만 챙기면서 가족이나 주변 사람들에게 소홀한 사람을 미워합니다. 공은 자신이 가로채고, 잘못은 남에게 전가시키는 사람을 미워합니다 ….' 이렇게 적고 보니, 제가 너무 미워하는 일만 널어놓았군요.

그런데 문득 그런 미운 짓은 타인에게서 발견되는 것만이 아니라, 내 안에서도 발견될 수 있겠다는 생각이 듭니다. 나부터 그런 사람이 되지 않으려고 노력해야 나도 그런 사람을 제대로 미워할 수 있겠지요. 도덕적 기준이 바깥으로만 향한 채 사람들을 판단하고, 나의 내면을 비추지 않는다면 나야말로 '내로남불'의 위선자가 될 것입니다. 내가 진정으로 미워하는 사람은 어떤 사람인지 생각해 봅니다. 그리고 돌이켜 그런 모습이 내 안에 있지는 않은지 돌아봅니다.

---

1 『논어』「양화」陽貨 24. "子貢曰, 君子亦有惡乎? 子曰, 有惡, 惡稱人之惡者, 惡居下流而訕上者, 惡勇而無禮者, 惡果敢而窒者." 曰, "賜也亦有惡乎, 惡徼以爲知者, 惡不孫以爲勇者, 惡訐以爲直者."

내 마음은 어디에?

책을 읽다가 문득 '방금 읽은 부분이 무슨 내용이었지?' 하며 앞부분을 다시 읽을 때가 있습니다. 사람들과 대화를 나누다가 딴 생각에 빠져 무슨 이야기가 오갔는지 놓칠 때도 있지요. 강의나 강론을 듣다가 다른 생각을 하느라 그 시간을 통째로 날려 버린 경험도 있습니다. 어째서 이런 일이 생기는 걸까요? 내 '마음'이 딴 데 가 있어서 이런 일들이 생기는 것입니다. 살아가다 보면 이런 일을 겪을 때가 많습니다.

사람은 오감五感으로 외부의 상황을 인식하고, 다른 사람과 관계를 맺으며 살아갑니다. 시각으로 보고, 청각으로 듣고, 후각으로 냄새 맡고, 미각으로 맛보고, 촉각으로 느낄 수 있습니다. 하지만 이 모든 감각을 주관하고 받아들여 인식하고 판단하는 것은 뇌의 작용이지요. 내 마음이 어디에 있느냐의 문제이기도 합니다. 마음이 함께하지 않으면 보아도 보이지 않고, 들어도 들리지 않으며, 음식을 먹어도 그 맛을 모를 때가 많습니다. 내 마음이 근심 걱정으로 가득 차 있거나, 보고 싶은 사람에 대한 그리움에 사로잡혀 있거나, 여행이나 신나는 일을 앞두고 마음이 들떠 있다면, 그래서 내 마음이 '지금 여기'에 붙어 있지 않고 다른 데가 있다면 나는 '지금 여기'에 충실할 수가 없겠지요. 『대학』에 이런 말이 나옵니다.

"마음이 없으면 보아도 보이지 않고, 들어도 들리지 않으며, 먹어도 그 맛을 모른다."[1]

성경에도 비슷한 말씀이 있지요.

"'너희는 듣고 또 들어도 깨닫지 못하고 보고 또 보아도 알아보지 못하리라.' 이 백성의 마음은 무디어졌고 그들이 귀로는 둔하게 들었으며 그 눈은 감았도다"(사도 28,26-27).

우리 몸은 지금 여기에 있지만 마음은 딴 데 가 있을 때가 종종 있습니다. 가기 싫은 학교에 가서 억지로 수업을 듣거나, 만나기 싫은 사람을 만나서 이야기를 들어 줘야 하거나, 재미없는 기도 시간이나 미사 시간에 억지로 앉아 시간을 때우고(?) 있거나 …. 내가 바로 지금, 내 몸이 있는 이곳에 마음도 함께하며 이 시간에 충실하기는 참으로 어려운 일이기도 합니다. 하지만 마음이 지금 여기에 발붙이지 못하고 늘 다른 곳에 가 있다면 그것도 제대로 된 삶이 아니겠지요.

예수님께서는 이렇게 말씀하셨습니다. "사실 당신의 보물이 있는 곳, 거기에 당신의 마음도 있을 것입니다"(마태 6,21). 이 말씀은 바꿔 보면 이런 뜻이겠지요. "너의 마음이 가 있는 곳에 너의 보물이 있다." 여러분이 지금 보물이라고 추구하고 있는 것은 무엇입니까? 그것을 알고 싶다면 지금 여러분의 마음이 어디에 가 있는지, 어디를 향하고 있는지 살펴보면 알 수 있을 것입니다. 여러분의 마음이 가 있는 곳에 여러분의 보물이 있기 때문입니다. 사실 보물은 '지금 여기' 있는데, 우리와 함께하시는 하느님께 있는데 우리는 엉뚱하게도 다른 곳에 마음을 두고 있는 건 아닌지요. 신기루처럼 잡으면 사라져 버리는 허망한 욕심에 마음을 두고 있는 건 아닌지요.

---

1 『대학』 전傳 7. "心不在焉, 視而不見, 聽而不聞, 食而不知其味."

마음 밭 가꾸기

그리스도교는 봄꽃이 만연한 아름다운 계절에, 주님의 수난을 묵상하며 절제와 보속의 사순 시기를 보냅니다. 사순 시기는 전례력으로 가장 중요하고 복된 시기입니다. 수난과 절제와 보속의 시기를 복되다고 하니 아이러니가 아닐 수 없지요? 죽음이 부활로 이어지고, 절제와 보속이 더 큰 만족과 행복으로 이어지는 신앙의 역설을 우리는 삶에서 경험합니다. 하지만 우리의 마음은 얼마나 자주 바뀌는지 모릅니다. 사순 시기를 시작하면서 마음먹었던 다짐들이 어느새 흔들리고, 말씀으로 무장한 마음도 달콤한 유혹의 속삭임에 귀를 기울이게 됩니다. 우리 마음은 개구쟁이 같아서 끊임없이 다잡고 되새기지 않으면 자기 가고 싶은 데로 가 버립니다. 고대 중국의 성군이었던 순舜임금이 우禹왕에게 왕위를 물려줄 때, 당부한 말이 『서경』書經에 나옵니다.

"사람의 마음(人心)은 위태롭기만 하고, 도를 지키려는 마음(道心)은 너무나 미약하다. 오로지 온 힘을 기울여 한결같이 하여 진실로 그 가운데(中)를 잡아야 할 것이다."[1]

여기서 말하는 '인심'人心과 '도심'道心은 다른 게 아니라 한 마음 안에 있는 두 가지 경향이라고 할 수 있습니다. 내 마음은 하나지만, 욕망을 좇고 이기적이 되면 내 마음이 '인심'人心으로 덮이고, 원래 하늘이 주신 순수한 사랑의 마음이 드러나면 그게 바로 '도심'道心인 것입니다. 순임금은 나라를 물려주면서 수많은 말 가운데 이렇게 단 열여섯 글자만을 남긴 것입니다. 이 가르침을 받든 우왕은 중국 하夏왕조를 열었습니다. 그 이후로도 모든 유가 학자들은 삶에서 이 말씀을 실천하기 위해 노력해 왔습니다.

결국 내 마음 하나 다잡는 것이 가장 중요하다는 말씀이겠지요. 내 마음은 주님 말씀의 씨앗이 뿌려진 밭과 같습니다. 말씀의 씨가 뿌려졌는데 어떤 것은 길바닥에 떨어져 새들이 와서 먹어 버리고, 어떤 것은 돌밭에 떨어져 말라 버리고, 어떤 것은 가시덤불 속에 떨어져 숨이 막혀 죽고, 어떤 것은 좋은 땅에 떨어져 많은 열매를 맺었다고 했습니다(마태 13,1-9 참조). 이렇게 씨가 떨어지는 밭의 상태는 결국 내 마음의 상태를 나타내는 것입니다. 내 마음이 메말라 말씀의 씨앗을 받아들일 준비가 되어 있지 않거나, 온갖 유혹거리와 분심이 가시덤불처럼 자라 내 마음을 온통 덮어 버리기도 하지요. 내 마음 밭을 좋은 땅으로 가꿔 씨앗의 싹을 틔우고 잘 자라게 하기 위해서는 잠시도 한눈 팔지 않고 잘 가꾸어야 합니다.

　세상을 살면서 내 마음은 늘 이리저리 휘둘립니다. 하느님을 향한 마음이라는 씨앗이 내 마음 밭에 뿌리 내리고 싹을 틔웠지만 너무 연약하고 보잘것없어 항상 위태롭습니다. 하지만 실망하지도 조급해하지도 말고 한결같이 마음 밭을 가꾸어 나간다면 언젠가 하늘의 새도 깃들 만큼 튼튼한 나무로 자라 풍성하게 열매 맺을 것입니다. 수난과 죽음을 넘어서 부활復活할 것입니다!

1　　『서경』「우서」虞書 '대우모'大禹謨. "人心惟危, 道心惟微, 惟精惟一, 允執厥中."

완벽한 삶

우리는 살아가면서 늘 완벽하기를 꿈꾸지만 '완벽'은 그리 쉽지 않습니다. 우리가 자주 사용하는 '완벽完璧하다'는 말은 『사기』에서 온 말입니다.

전국시대 조趙나라의 혜문왕은 '화씨지벽'和氏之璧이라는 세상에 둘도 없는 아름답고 고귀한 옥구슬을 갖고 있었습니다. 이 소문을 들은 강대국 진秦나라의 소양왕이 이 옥구슬을 갖고 싶은 욕심이 생겨 사신을 보내어 열다섯 고을과 화씨지벽을 바꾸자고 제안했습니다. 혜문왕은 걱정이었습니다. 내주자니 진나라 왕이 약속을 안 지킬 것 같고, 안 주자니 이를 구실 삼아 전쟁을 일으킬 것 같았으니까요. 그때 인상여藺相如라는 지혜로운 식객이 나서서 자신이 그 문제를 해결하겠다고 했습니다. 그는 화씨지벽을 가지고 진나라에 가서 소양왕을 만났습니다. 그리고 일단 그 옥구슬을 왕께 바쳤습니다. 하지만 왕은 화씨지벽을 보며 감탄만 할 뿐 약속 이야기는 꺼내지도 않았습니다. 이를 예상했던 인상여는 '그 구슬은 참으로 아름답지만 한 군데 작은 흠집이 있어서 안타깝다'고 이야기하며 그걸 보여 주려고 구슬을 받았습니다. 그러자 인상여는 구슬을 번쩍 들어 올려 신의를 지키지 않은 왕에게 이 구슬을 내줄 수 없다며, 자신이 죽더라도 이 구슬을 기둥에 던져 박살내 버리겠다고 했습니다. 소양왕은 그의 강직한 성품에 마음이 움직여 화씨지벽과 인상여를 정중하게 돌려보냈다고 합니다.[1] 귀한 화씨지벽이 완전한 상태로 무사히 돌아왔다고 한 데서 '완벽'完璧이라는 말이 나왔습니다.

결국 '완벽'이란 완전무결한 보옥을 끝까지 잘 지켜 보전했다는 의미입니다. 하지만 그깟 구슬 하나 때문에 열다섯 고을을 주겠다고 하고, 전쟁을 일으키려 하고, 사람의 목숨까지 걸다니, 그게 어찌 '완벽'이라고 할 수 있겠습니까? 훌륭한 보석이 완전한 상태로 돌아와서 완벽한 것이 아니라, 그 보석을 갖고 약속을 지키는 신의가 더 중요하다며 목숨을 걸고서라도 왕의 잘못을 일깨워 준 인상여의 용기와 강직함이 더 완벽했다고 할 수 있을 것입니다. 그래서 과거의 아름다운 '화씨지벽'은 사라졌지만 '완벽'이라는 말은 오늘날까지 남아 우리에게 전해집니다.

우리의 삶은 완벽한가요? 돈을 많이 벌고, 회사에서 승진을 하고,

원하는 대학에 들어가고, 계획하고 바라는 모든 것이 이루어진다면 완벽한 것일까요? 그런데 혹시 그러한 완벽을 좇다 잊어버리거나 놓친 것이 있지는 않을까요? 사랑하는 이들과 시간을 보내며 그들의 소중함을 깨닫는 것, 건강하고 무사한 하루에 하느님께 감사하는 것 말입니다. 계획한 것을 완벽하게 이루기를 바라기보다 하루하루 기쁘고 너그럽게 보내기를 바라 봅니다.

---

1   사마천『사기』「인상여열전」藺相如列傳 참조.

이제는 움직일 때

춘추전국시대 초나라의 한 젊은이가 소중히 여기는 칼을 지닌 채 배를 타고 강을 건너고 있었습니다. 그런데 강 중간에서 그만 실수로 칼을 물에 빠뜨리고 말았습니다. 그러자 그는 급히 칼이 떨어진 배에다 표시를 해 놓고, '여기가 내 칼이 떨어진 곳이다' 라고 했답니다. 배가 멈추자 그는 표시해 놓은 곳을 따라 물에 들어가 칼을 찾았지만 찾을 수 없었습니다. 강 중간에 빠진 칼이 거기에 있을 리가 없지요. 이를 보고 사람들이 그의 어리석은 행동을 비웃었다고 합니다. 여기서 나온 말이 "각주구검"刻舟求劍이라는 고사성어입니다.[1] 물은 빠르게 흐르고 그 물을 따라 배는 지나가는데, 그것을 고려하지 않고 배 위에 칼이 떨어진 곳을 표시한 채 거기만 바라보고 있으니 어리석다하지 않을 수 없습니다. 강 가운데 칼을 빠뜨렸으니 물이 깊어 들어가는 것이 위험하고 망

설여졌겠지요. 그러니 배에 칼이 떨어진 지점을 표시해 두고 안전한 나루터에 배가 닿자 거기서 칼을 찾아보겠다고 하니 늦을 수밖에요.

우리의 삶도 마찬가지입니다. 세월은 흐르는 강물처럼 빠르게 지나가고 시대의 변화도 너무나 빠른데, 그 흐름을 따라가지도 못하고 변화를 거부하고 적응하지도 못한다면 소중한 칼은 잃어버리고 엉뚱한 곳에서 헤맬 것입니다. 예수님께서도 "새 포도주는 새 부대에 담아야 한다"(마태 9,17)라고 말씀하셨지요. 복음의 새로운 시대가 열렸는데도 구약의 율법에만 얽매여 있는 이들은 구세주를 받아들일 수 없었습니다.

시대는 변하고 있고, 교회도 우리 신앙인도 변화하는 시대에 맞춰 부단히 노력해야 합니다. 과거의 내 자리만 붙든 채 안주하고 고집부리며 살아간다면 칼도 잃고 웃음거리가 된 어리석은 젊은이와 같은 꼴이 될 것입니다. 당장 배를 멈추고 물속에 뛰어들어가지 않는다면 소중한 칼을 찾을 수 없을 것입니다.

'회개'도 마찬가지입니다. '나중에', '좀 더 준비가 되면', 이런저런 핑계로 미룬다면 적기適期를 놓칠 것입니다. 주저하기보다 곧장 행동해야 합니다. 장자도 "도행지이성"道行之而成[2]이라고 했습니다. 길은 내가 직접 걸어가야 이루어집니다. 눈앞에 진리의 길이 펼쳐져 있어도 내가 발을 내딛지 않으면 아무 소용이 없습니다. 인생의 진리도 내가 직접 실천해야 완성되는 것입니다. 이리저리 재면서 머뭇거리고 주저한다면 나는 조금도 앞으로 나아갈 수 없습니다. 회개하는 것, 사랑하는 것, 고마움을 표시하는 것, 용서를 청하는 것, 내가 진정으로 원했던 일을 하는 것 등 인생에서 이렇게 중요한 일들은 미루어서는 안 됩니다. 적기를 놓치면 그 기회를 영영 잃어버릴지도 모르니까요.

그렇다고 해서 모든 것이 흐르는 강물처럼 변하는 것은 아닙니다. 변하는 와중에도 지켜야 할 원칙은 있기 마련입니다. 옛 명언 가운데 "수급불류월"水急不流月이라는 말이 있습니다. 강물은 흘러가지만 강물에 비친 달은 흐르지 않고 한결같이 그 자리를 지키며 밝게 빛난다는 뜻입니다. 세월이 흐르고 세상이 빠르게 변하는 만큼 거기 맞춰 살아가야 하지만, 그렇다고 원칙도 없이 세류에 흔들리며 사는 것은 아닙니다. 세차게 흘러가는 강물에 휩쓸리지 않고 항상 아름답게 빛을 내는 달빛처럼 늘 우리가 가는 길의 방향을 잡아 주는 것은 바로 우리의 신앙입니다.

---

1 여불위呂不韋 『여씨춘추』呂氏春秋 「신대람 · 찰금」愼大覽 · 察今 편 참조.
2 『장자』「제물론」齊物論 11.

달변과 눌변

얼마 전 어느 후원회의 미사가 있었습니다. 강론을 위해서 복음을 묵상하고 강론할 것을 조금 메모해 두었습니다. 미사 강론 때, 그 메모를 보며 강론을 하는데 내가 스스로 생각해도 말을 너무 잘한다는 생각이 드는 것입니다. '내가 이렇게 달변가達辯家란 말인가?' 그러면서 참 부끄럽다는 생각을 했습니다. 며칠 지나서, 동양철학 강의가 있었습니다. 『논어』 강독을 하면서 이야기를 펴 나가는데, 그때도 '참 말 잘한다'는 생각이 드는 것이었습니다. 말을 잘한다는 것은 훌륭한 탈렌트인데 왜 부끄러움을 느꼈을까요? 강론 잘하는 사제, 강의 잘하는 교수라는 말은 가장 큰 칭찬일 텐데 말입니다.

공자는 제자들에게 수차례 강조합니다. 말은 어눌해야 하고 행동은 민첩해야 한다고. 그러니 공자가 가장 싫어하는 부류는 말만 번지르르하고 행동은 따르지 않는 이들이었습니다. 『논어』에는 이와 관련된 표현이 많이 나옵니다.

> "군자는 말은 어눌하고 행동은 민첩하게 하고자 한다."[1]
> "군자가 먹는 데 배부르기를 구하지 않고, 거처하는 데 편하기를 구하지 않으며, 해야 할 일은 부지런히 하고, 말은 신중히 하며, 도덕과 학문이 높은 사람에게서 자신을 바로잡으면, 배우기를 좋아한다고 할 수 있다."[2]
> "군자는 그의 말이 그의 실천보다 넘치는 것을 부끄러워한다."[3]

제가 사제서품을 받고 보좌신부로 생활하던 때를 생각해 보면, 하루하루 강론 준비에 여념이 없었던 것이 기억납니다. 미사를 집전한다는 것이 너무 떨리고 긴장되었는데, 거기에 강론까지 준비해야 하니 부담이 엄청날 수밖에 없었지요. 그래서 시간이 날 때마다 복음을 읽고 해설집을 뒤적이고 인터넷을 헤매며 강론 때 무슨 이야기를 할까 고민했습니다. 어떤 날은 준비하느라 밤을 꼬박 새기도 했지요. 그리고 내 삶이 뒷받침되지도 않으면서 강론 때 '사랑해라', '용서해라'는 말을 하고 나면 위선자를 질책하시는 예수님의 꾸지람이 들리는 것 같아 자괴감에 빠지기도 했습니다. 이제 오랜 시간이 지나 미사를 집전하는 일도, 강론을 준비하는 일도, 사람들 앞에 서서 강의하는 일도 익숙해졌습니다. 익숙해졌다는 것은 노련해졌다는 표현이기도 하지만, 어떤 일을 여러 번 겪어서 적응해 버렸다는 의미입니다. 이제 가슴 떨리는 설렘이나 긴장도 없어지고, 내가 하는 말의 무게도 느끼지 못한 채, '말 따로 행동 따로'의 상태가 되어 버린 것이지요.

옛 성현들은 행동으로 뒷받침되지 않는 말을 얼마나 부끄러워했는지요. 『논어』의 이야기가 다시 떠오릅니다. 달변이었지만 행동은 게을렀던 제자 재여에 관해 공자는 이렇게 평가했지요.

> "처음에 나는 사람을 대할 때 그의 말을 듣고 그의 행동을 믿었다. 지금은 사람을 대할 때 그의 말을 듣고 그의 행동을 살펴보게 되었다. 재여 때문에 이렇게 바꾸었다."[4]

물론 감동을 주는 강론이나 강의를 듣고 희망을 갖거나 삶이 달라지는 경우도 있습니다. 하지만 달변가가 되기보다 눌변訥辯이라 하더라도 삶이 뒷받침되는 주님의 제자가 되고 싶은 바람입니다.

> "그들이 여러분의 좋은 행실을 보고 하늘에 계신 여러분의 아버지를 찬양하게 하시오"(마태 5,16).

---

1 『논어』「이인」里仁 24. "君子欲訥於言而敏於行."
2 『논어』「학이」學而 14. "君子食無求飽, 居無求安, 敏於事而愼於言, 就有道而正焉, 可謂好學也已.
3 『논어』「헌문」憲問 28. "君子恥其言而過其行
4 『논어』「공야장」公冶長 10. "始吾於人也, 聽其言而信其行. 今吾於人也, 聽其言而觀其行. 於予與改是."

완고한 마음

어느 날 성모당을 지나가는데 한 신자분이 근심스러운 얼굴로 제게 다가왔습니다. "신부님, 뭐 하나 여쭤 볼 말씀이 있는데요 …." 때는 부활대축일을 막 지낸, 부활 팔부 축일 중의 어느 화창한 날이었습니다. 그분 말씀이, 모처럼 성모당을 찾아왔다가 '십자가의 길' 기도를 바치고 있는데, 자매님 한 분이 다가와서 '부활 시기에 십자가의 길 기도를 하면 안 된다'라고 면박을 주더라는 겁니다. 그러면서 짐짓 억울하다는 표정으로, 부활 시기에는 십자가의 길 기도를 하면 안 되냐고 물어보는 것이었습니다.

"그럴 리가요." 저는 그 자매님께 설명해 드렸습니다. '주님의 수난을 묵상하는 기도는 언제든 할 수 있다. 그 자매님은 아마지금이 부활의 기쁨을 누리는 시기이니, 십자가의 고통을 묵상하는 기도는 전례주년상 맞지 않는 게 아니냐는 기우에서 그리 말씀하셨을 것이다. 그분의 말씀에 언짢아하지는 마시고, 자유로이 기도하셔도 된다'라고 말씀드렸습니다.

우리는 한 해를 전례주년에 맞게 보냅니다. 대림 시기는 구세주의 오심을 기다리는 마음으로 보내고, 성탄은 주님의 오심을 기념하고 축하하며, 사순 시기에는 주님의 수난과 죽음을 묵상하고, 부활 시기에는 죽음에서 부활하신 주님을 기리며 우리의 구원을 기뻐합니다. 그 외에 연중 시기를 보내지요. 그리고 한 해의 마지막인 그리스도왕 대축일을 지내며 하느님 나라가 이루어지기를 바랍니다. 엄밀히 말하자면, 성탄, 수난, 죽음, 부활은 모두 과거에 '이미' 이루어진 사건입니다. 우리는 지금 주님의 부활과 승천 이후, 성령의 시기를 보내며 다가올 종말을 향해 나아가는 신앙의 여정에 있는 것입니다. 하지만 교회는 신자들의 신앙을 돕기 위해서 전례주년을 제정하여, 한 해를 보내면서 구원의 사건들을 기억하고 기념할 수 있도록 돕는 것이지요. 당연히 부활 시기에도 주님의 고통과 죽음을 묵상할 수 있고, 수난의 사순 시기에도 부활의 기쁨을 누릴 수 있습니다.

문제는 우리의 '완고頑固한 마음'입니다. 마음이 완고해진다는 것은 융통성 없이 굳어져 고집이 세진 상태를 이야기합니다. 의외로 공부를 많이 하고 신앙생활을 열심히 하는 분들에게서 종종 이러한 마음을 볼 수 있습니다. 내가 옳다고 생각하고 믿는 것을 고집스럽게 밀어붙이고 타인에게도 강요하는 완고한 마음은 나를 엄격한 신앙의 재판관으로 만들기도 합니다. 이런 잣대로 다른 사람을 함부로 판단하고 심판한다면 내 눈 속의 들보는 보지 못하면서 형제의 눈 속에 있는 티를 지적하는 어리석음을 저지를 수 있습니다(마태 7,1-5 참조).

공자도 배우는 사람이 가질 수 있는 완고한 마음을 항상 경계했습니다. "군자는 배워도 완고해지지 않는다"[1]라는 말씀은 많이 배우는 자가 오히려 완고해질 수 있음을 경계한 가르침일 것입니다.

마음이 완고해지면, 그 안에 사랑이 싹틀 수 없을 것입니다. 당연히 그 마음 안에는 주님께서 들어올 자리도 없겠지요. 우리의 마음이 완고해지지 않고 주님 사랑의 마음을 닮을 수 있도록 노력합시다.

> "그들 안에 있는 무지 때문에 또한 그들 마음의 완고함 때문에 그들은 생각이 어두워졌고 하느님의 생명에서 제외되어 있습니다"(에페 4,18).

---

1 『논어』「학이」學而 8. "君子學則不固."

하느님 마음으로
세상 보기

국내의 유명한 문인이 성폭행 가해자로 지목되어 떠들썩하게 뉴스를 장식한 적이 있습니다. 제가 어릴 때 그의 소설을 보며 꿈을 키우기도 했던 터라 놀라움은 더 컸습니다. 요즘 한국 사회는 권력과 권위를 가진 자들이 상대적 약자인 여성에게 저지른 성폭행, 성추행이 드러나고 이를 바로잡기 위해 진통을 겪고 있습니다. 잘못된 것은 바로잡아 나가야 합니다.

우리는 살아가면서 수없이 많이 사람을 판단합니다. 그래서 선행을 한 사람을 마음 깊이 존경하며 좋아하기도 하고, 반대로 나쁜 일을 저지른 사람을 미워하며 그의 악행에 몸서리치기도 하지요. 많은 사람의 존경과 선망을 받던 사람이 알고 보니 도덕적으로 큰 문제가 있었다고 해서 충격받기도 하고, 정말 나쁜 사람이라고 손가락질을 했는데 나중에 잘못된 소문이라고 밝혀져 미워했던 것이 미안해지기도 합니다. 요즘처럼 인터넷을 통해 가짜 뉴스가 판을 치면 무엇이 진실인지, 저 사람은 과연 선한지 악한지도 구분하기 힘듭니다. 그래서 너무 쉽게 사람을 판단해서는 안 되겠다는 생각이 듭니다. 어느 시인의 경우, 독자들은 그분을 사랑하고 존경하지만 출판사 직원들은 그분의 무례하고 까다로운 성격 때문에 미운 마음만 가득 품는 경우도 있습니다. 사제나 수도자도 마찬가지지요. 대외적으로는 훌륭하고 강의나 강론도 잘하는 분으로 존경받지만 가까이에서 같이 일하는 사람들은 그분들의 위선적인 행동이나 독단적인 성격을 보면서 실망하는 경우도 많습니다. 성폭행을 고발하는 피해자들이 겪는 고통 가운데 하나도 이런 것입니다. 자신은 그 사람의 위선을 잘 알고 있는데 정작 그 사람은 세상에서 존경받고 승승장구하는 모습을 보면 모든 잘못은 자기에게 있는 것 같고 자괴감에 빠집니다.

사람은 겉으로 보이는 것이 다가 아닌가 봅니다. 그래서 일찍이 선현들은 쉽게 판단하지 말고, 작은 소문에 '일희일비'一喜一悲하지 말라고 가르쳤습니다.

> "세상 사람들이 모두 아름다운 것을 아름답다고 여기지만 여기에 추한 것이 있고, 모두 선한 것을 선하다고 여기지만 여기에 선하지 않은 것이 있다."[1]
> "도道의 눈으로 보면 사물에 귀하고 천한 것이 없지만, 사물의

눈으로 보면 자기는 귀하다 하고 상대는 천하게 여긴다."²

수천 년 전에도 세상은 별반 다르지 않았나 봅니다. 우리는 참 쉽게 사람을 판단하고 그 사람에 대한 선입견을 품고 뒤에서 이런저런 험담을 합니다. 쉽게 그 사람을 좋아하고 존경하다가 쉽게 실망하고 배신감을 느끼며 저버립니다. 오히려 예수님의 눈으로 세상을 보고 하느님의 마음으로 사람들을 품으려고 해야 합니다. 장자가 이야기한 '도의 눈으로' 세상을 본다는 것이 바로 하느님의 마음으로 세상을 보는 것이겠지요. 너무 엄청난 일이라고 느껴지시나요? 그렇지 않습니다. 우리는 하느님의 모상으로 창조된 이들로 하느님의 사랑에 참여하는 그분의 자녀입니다. 우주를 작게 여기면서도 발아래 핀 들꽃 한 포기도 크게 보고 소중히 여길 줄 아는 '큰마음'을 지녀야 하겠습니다.

> "우리가 그분 안에 머무르고 그분이 우리 안에 머물러 계심을 우리는 압니다. 그분이 당신 영의 한몫을 우리에게 주셨기 때문입니다"(1요한 4,13).

---

1 『노자』 2. "天下皆知美之爲美, 斯惡已. 皆知善之爲善, 斯不善已."
2 『장자』 「추수」 秋水 6. "以道觀之, 物無貴賤. 以物觀之, 自貴而相賤."

천지불인

"모든 것이 하느님의 은총이었다"라고 늘 말하는 사람이 있다면, 우리는 그를 모범적인 신앙인이라고 생각할 것입니다. 좋은 일이 일어나거나 기도한 내용이 이루어지면 그 모든 것이 주님께서 해 주신 일이라며 매사에 기뻐하고 감사합니다. 이 세상에 일어나는 모든 일을 주님께서 주관하시고 그분이 허락해서 이루어진다고 생각하지요. 하지만 이런 생각은 부메랑처럼 되돌아와 우리 뒤통수를 치기도 합니다.

내게 나쁜 일이 생기거나 기도한 것이 이루어지지 않았다고 생각해 보세요. "주님, 왜 제게 이런 시련을 주십니까?" 하고 탄식하겠지요. 갑자기 몹쓸 병에 걸렸다거나, 사업이 잘못되거나 승진이 되지 않았거나 하는 안 좋은 일이 생기면, 운명론에 빠진 사람은 '신앙생활도 열심히 했는데 어떻게 이러실 수 있느냐?'고 하느님을 원망할 것입니다.

하느님께서는 세상을 창조하시고 우리를 만드셨습니다. 그리고 사람들이 잘 살아가길 바라시지요. 세상에 하느님 나라를 만들어 가기를 바라시는 것입니다. 서로 사랑하면서요. 하지만 사람들은 욕심을 부리고, 자신의 이익을 위해서 다른 이들에게 나쁜 짓을 하지요. 이익을 위해 타인을 속이고, 환경을 파괴하고, 몸에 해로운 먹거리를 만들어 팔고, 음주 운전을 해서 사람을 다치게 하고, 전쟁을 일으켜 사람들을 죽이고, 난민들이나 가난한 사람들을 못 본 척합니다. 그리고 이런 수많은 잘못이 서로 얽히고설켜 아무 잘못도 없는 아이들이 불치병에 걸리기도 하고, 가난하고 힘없는 사람들이 죽음에 내몰리기도 합니다. 결국 우리에게 닥친 불행은 하느님이 주시는 것이 아니라 우리 인간이 만들어 낸 것이지요. 하지만 우리는 주님 탓만 할 때가 많습니다.

예부터 사람들은 하늘을 두려워하며 살았습니다. 하늘이 현세의 길흉화복吉凶禍福을 주관한다고 생각했지요. 그래서 자신에게 닥친 불행을 운명이나 팔자라고 생각했습니다. 하늘에 죄를 지어 하늘이 벌을 내리는 거라고 생각하는 게 더 편했을지도 모르지요. 하지만 많은 성현들은 하늘은 정해진 법칙대로 운행할 뿐 사람들에게 복을 내리거나 화를 입힌다고 생각하지 않았습니다. 노자가 이야기한, "천지는 어질지 않다"(天地不仁)[1]라는 구절은 제게 신선한 충격이었습니다. '어질다'(仁)는 것은 사람들이 만든 가치 기준이며, 하늘은 이런 사람들의 가치 기준을 초월해 있지, 그 기준에 얽매이거나 놀아나지 않는다는 뜻입니다. 전국시대 후기 유학자인 순자는 더욱 합리적인 자연관을 지녔습니다.

> "하늘은 사람들이 추위를 싫어한다 하여 겨울을 없애지 않는다. 땅은 사람들이 먼 것을 싫어한다 하여 넓음을 없애지 않는다."[2]

예수님께서도 말씀하셨습니다. "그분은 악한 사람들에게나 선한 사람들에게나 당신의 해를 떠오르게 하시고, 의로운 사람들에게나 의롭지 못한 사람들에게나 비를 내려 주십니다"(마태 5,45). 좋은 일이 생겼다고 주님의 은혜라고 기뻐하고, 안 좋은 일이 생겼다고 주님을 원망하는 가벼운 신앙인이 되어서는 안 될 것입니다. 그 일을 겪으면서 내가 어떻게 하는 것이 그분의 뜻에 맞을까 곰곰이 생각해 봐야 할 것입니다. 기도하면서 달라지는 것은 주님이 아니라 기도하는 나 자신입니다. 기도는 요술램프의 요정이나 도깨비에게 우리의 바람을 들어달라고 외우는 주문이 아닙니다. 중요한 것은 기도를 통해서 내가 바라는 것이 주님의 뜻에 맞는지, 나의 삶이 주님께 합당한 종으로서의 삶인지를 돌아보고 그분의 뜻을 깨달아 가는 것입니다.

---

1 『노자』 5. "天地不仁."
2 『순자』 「천론」天論 6. "天不爲人之惡寒也, 輟冬. 地不爲人之惡遼遠也, 輟廣."

운명은 움직이는 것

가톨릭신학원에서 『주역』 강의를 한 적이 있습니다. 흔히 점치는 책이라고 알려져 있지만 사실 『주역』은 변화무쌍한 세상 속에서 사람들이 어떤 자세로 살아가야 하는지를 이야기하는 유가 철학의 경전 가운데 하나입니다. 사람들은 자기에게 정해진 운명이 있다고 믿고, 미래에 일어날 일을 미리 알고 싶어 합니다. 하지만 정해진 미래라는 것은 없습니다. 우리 앞에는 여러 갈래의 길이 펼쳐져 있고, 어느 길로 갈 것인지는 결국 내가 선택하는 것이지요. 같은 어려움이 닥쳐도 어떤 사람은 절망하며 주저앉아 삶을 포기하는가 하면, 어떤 사람은 전화위복의 기회로 여겨 씩씩하게 맞서 나아갑니다. 내 앞에 펼쳐진 세상은 시시각각 변하며 그것이 나의 삶에 수많은 영향을 주지만, 그 세상을 어떤 눈으로 보고, 어떤 마음으로 받아들이며, 어떤 자세로 헤쳐 나갈 것인지는 결국 내가 결정해야 합니다.

　청나라 말기에 세상이 어수선하고 백성들이 살기가 어려워지자 농민군의 지도자인 홍수전이라는 사람이 청 왕조에 반대하여 '태평천국의 난'을 일으켰습니다. 조정에서는 진압군을 보냈는데 그 지휘관은 증국번이라는 장군이었습니다. 하지만 태평천국군의 기세는 대단하여 진압군은 격렬하게 싸웠으나 번번이 패했습니다. 그럼에도 불구하고, 증국번은 결코 전의를 상실하지 않았습니다. 그의 부하가 황제에게 보내는 보고서에 "우리는 거듭 싸웠지만 거듭 패하고 있습니다"(我們屢戰屢敗)라고 쓰자, 이를 본 증국번은 이 문장을 "우리는 거듭 패했지만 거듭 싸우고 있습니다"(我們屢敗屢戰)라고 바꾸었습니다. 부하가 쓴 보고서의 문장은 전쟁에서 패한 사실만 강조했지만, 증국번은 문장의 글자 위치만 바꾸어 거듭 패하고는 있지만, 여전히 전의가 불타고 있다는 보고로 바꾼 것입니다. 황제는 그를 계속 신임했고, 증국번은 결국 홍수전의 태평천국의 난을 진압했습니다.[1]

세상이 험난하고 미래는 암울하게 느껴질 수 있습니다. 하지만 우리에게 일어나는 일을 그저 운명이려니 생각하고 자포자기한다면, 나는 흙수저로 태어났으니 죽어라 노력한들 삶이 나아지지 않을 거라는 패배의식에 사로잡혀 산다면 우리는 정말 패배하고 말 것입니다. 미래는 열려 있고 끊임없이 변화합니다. 우리가 어떤 마음으로 임하느냐에 따라 미래는 달라질 것입니다. 우리에게 주어진 명(命)은 움직이는(運) 것입니다. 열려 있는 미래를 닫히고 고정된 것이라 여기는 우리의 태도가 우리 삶을 속박합니다. 노자가 말했습니다.

"화禍여! 복福이 기대고 있는 곳이로다.
 복福이여! 화禍가 엎드려 숨어 있는 곳이로다."[2]

나쁜 일이 닥치더라도 그 나쁜 일에는 좋은 일이 기대어 있으니 마냥 절망하지 말라는 것입니다. 좋은 일이 생기더라도 그 안에 나쁜 일이 숨어 있으니 교만하게 굴지 말아야 할 일입니다. 결국 나에게 닥치는 일은 '내'가 어떤 마음으로 받아들이고 어떻게 헤쳐 나갈 것인지가 중요한 문제겠지요.

---

1 이상수 『주역 앞에서 운명을 읽다』 (웅진지식하우스 2014) 76쪽 참조.
2 노자』 58. "禍兮, 福之所依. 福兮, 禍之所伏."

팔자 고치기

'아이고, 내 팔자야~', '팔자가 사나워서 그래'라는 말을 자주 듣습니다. 그리고 신자들 중에서도 의외로 사주나 운세를 보는 등 자신의 운명을 알아보고 싶어 하는 사람이 많다는 사실에 놀랍니다. 사주팔자四柱八字란 무엇일까요? 음양오행설에 따르면, 이 세상은 하늘의 기운인 천간天干과 땅의 기운인 지지地支의 영향을 받는데, 천간은 갑을병정무기경신임계甲乙丙丁戊己庚辛壬癸의 열 가지이고, 지지는 자축인묘진사오미신유술해子丑寅卯辰巳午未申酉戌亥의 열두 가지입니다. 천간과 지지가 결합하여 육십조의 간지가 이루어지는 것입니다. 갑자, 을축, 병인, 정묘, 무진 … 이렇게 이어집니다. 이 이름은 년, 월, 일, 시에 모두 적용되지요. 예를 들어, 2021년 7월 1일 밤 12시는 신축辛丑년, 갑오甲午월, 경술庚戌일, 병자丙子시입니다. 그러니까 이 날 태어난 사람의 사주四

柱는 신축年柱, 갑오月柱, 경술日柱, 병자時柱가 되는 것입니다. 이 네 개의 기둥(柱)이 그 사람의 사주四柱이며, 사주를 구성하는 여덟 개의 글자가 팔자八字입니다. 사람이 태어난 연월일시가 정해져 있듯이 사주팔자는 한번 정해지면 바뀔 수 없는 것이지요. 사람이 태어날 때부터 지니게 되는 사주팔자에 따라 그 사람의 성격이나 기질이 규정된다고 보고 다른 사람과의 관계, 그 해나 그날의 간지와의 관계를 통해서 그 사람의 운명이 결정된다고 보는 것이 사주 명리학命理學입니다. 흔히 '점 보러 가는 일'이지요.

조선시대 위대한 학자이자 임금에 대한 절개를 지킨 충신 가운데 한 사람인 성삼문成三問을 잘 알고 있을 것입니다. 세종을 도와 집현전 학자로서 한글 창제에 공을 세웠지만, 단종을 폐위시키고 집권한 수양대군을 제거할 계획을 세웠다가 발각되어 비참하게 죽은 사육신死六臣의 대표 인물이지요. 성삼문이 태어날 때의 일화가 있습니다. 산달이 다가오자 어머니는 친정으로 갔습니다. 그런데 성삼문의 외할아버지는 사주 명리학에 밝은 학자였나 봅니다. 아기가 태어날 때의 사주팔자가 너무 안 좋아 어떻게든 아이가 태어나는 시간을 늦춰 보려고 했습니다. 외할머니더러 최대한 아기가 늦게 나오도록 막아 보라고 했지요. "이제 낳아도 되나요?" 외할머니가 묻자 외할아버지는 "더 기다리시오"라고 대답했습니다. 잠시 후에 다시 물었지만 외할아버지는 아직 더 기다리라고 했지요. 세 번째로 물어도 기다리라고 했습니다. 하지만 나오는 아이를 무작정 막을 수는 없는 노릇입니다. 결국 아이는 태어났고, 세 번 묻고 아이를 낳았다고 해서 이름을 '삼문'三問이라고 지었다고 합니다. 하지만 아이의 운명을 바꿀 수는 없었는지, 성삼문은 모진 고문을 당한 뒤 온몸이 찢겨 죽는 거열형으로 죽었습니다. 그의 다섯 아들과 동생들도 죽임을 당했고, 처와 딸은 노비가 되었습니다.

그런데 이러한 성삼문의 운명이 자신의 사주팔자 때문이었을까요? 그럴 리가 없습니다. 성삼문이 자신의 부귀영달을 꾀했다면 세조의 치하에서도 친구 신숙주처럼 할 수 있었을 것입니다. 그러나 그는 매죽헌梅竹軒이라는 그의 호처럼 살았습니다. 한겨울에 꽃을 피우는 매화와 굽히지 않는 대나무처럼 임금에 대한 지조를 지키기 위해 죽음과 가문의 몰락이라는 결과도 서슴지 않고 받아들인 것입니다. 성삼문은 자기 앞에 놓인 갈림길에서 불의하고 비겁하지만 편한 길이 아니라, 고달프고 비참한 생활과 죽음이 기다리고 있는 것을 알면서도 정의롭고 옳은 길을 선택했습니다. 결국 운명은 정해진 것이 아니라 내가 어떤 길을 선택할 것인가의 문제입니다.

성 김대건 안드레아 신부님의 탄생 200주년 희년을 마무리하며, 그 기념으로 바티칸 성 베드로 대성당 벽면에 김대건 신부님의 성인상이 설치되었습니다. 성인을 비롯한 우리 선조 순교자들의 삶을 돌아보면, 세상 사람들의 눈에는 정말 기구한 '팔자'로 비칠 것입니다. 하지만 순교자들의 삶은 그들이 어쩔 수 없이 받아들여야 하는 팔자 때문이 아니었습니다. 당국의 회유와 협박에도 불구하고 하느님을 향한 사랑과 참된 신앙의 삶을 증거하기 위하여 스스로 선택한 결과입니다. 우리에게도 변치 않는 사주팔자가 있습니다. 하지만 팔자타령만 하면서 주저앉아 있을 것이 아니라, 그러한 팔자에 개의치 않고 어떤 길을 갈 것인지 선택하고, 정한 길을 기쁜 마음으로 열심히 걸어가야 할 것입니다.

"주님, 우리가 누구에게로 물러가겠습니까? 주님은 영원한 생명의 말씀을 가지고 계십니다"(요한 6,68).

누가 이름을
함부로 짓는가?

건물 벽에 큰 글씨로 "누가 이름을 함부로 짓는가?"라고 쓴 광고
판을 본 적이 있습니다. 일간신문이나 주간지 광고 면을 봐도 작
명소 광고에 이름을 잘못 지어 운명이 안 좋아졌다면서 사람들
을 현혹하는 것을 보고는 합니다.

'이름', 참 중요합니다. 사람의 이름은 그 사람이 평생 동안
불리는 것이니 누구나 신중하게 아기의 이름을 짓습니다. 의미
도 훌륭해야 하지만 부르는 어감도 좋아야 하지요. 제가 동양철
학을 공부했다고 해서 사람들이 작명에 대해서 물어보고는 합니
다. '어느 점쟁이가, 어느 스님이 우리 아이 이름이 잘못되어 큰일
난다고 하는데 어떡해야 하나요?' 이런 질문을 받을 때마다 마음
이 답답하고 안타깝습니다. 이름을 함부로 짓는 사람도 없을 것
이고, 이름을 잘못지어 빨리 죽는다든지 사업이 잘 안 된다고 사

람들을 겁주는 사기꾼 같은 작명인들의 행태에 화가 나기도 합니다. 음양오행설이나 명리학의 전문가들도 말하기를, 운명을 들먹이며 사람들을 겁주거나 누군가가 잘못되기를 바라며 저주하는 것은 용납할 수 없는 사이비似而非라고 합니다.

'이름'(名)은 무척 중요합니다. 그러니 아이가 태어나면 가족들이 모여 앉아 사랑하는 마음으로 고민해서 지어 주는 이름이 최고의 이름인 것입니다. 문제는 이름이 무엇이냐가 아니라, 이름대로 사느냐 못사느냐는 것입니다.

우리는 살아가면서 많은 이름을 갖습니다. 직접 불리는 이름 외에도 직업이나 신분에 맞는 이름이 주어집니다. '아버지', '어머니', '부장님', '학생', '아들 딸', '수녀님', '선생님', '레지오 단장님', '반장님', '사장님', '대통령' 등등. 이름은 그 이름에 걸맞은 삶이 뒤따라야 비로소 완성됩니다. 이름이 바로 서는 것입니다.

공자는 세상이 어지러운 이유가 이름이 바로 서지 않아서라고 했습니다. 그러니 이름(名)을 바로 세우면(正) 혼돈의 세상이 올바로 다스려질 것입니다. 어느 날 제자인 자로가 공자에게 정치를 하게 되면 가장 먼저 무엇을 하겠느냐고 묻자, 공자는 "반드시 이름을 바로잡겠다"[1]라고 하였습니다. 그만큼 이름(名)과 그 이름이 가리키는 실질(實)이 서로 부합하는 것이 얼마나 중요한지 모릅니다. 여기서 나온 말이 "명실상부"名實相符입니다.

제나라 경공이 공자께 정치에 대해서 묻자, 공자께서 말씀하셨습니다. "임금은 임금답고, 신하는 신하다우며, 아버지는 아버지답고, 아들은 아들다운 것입니다."[2]

우리의 삶이란 게 결국 얼마나 이름값을 했느냐의 문제가 아닌가 하는 생각이 듭니다. 성직자 묘지에 가서 거기 적힌 분들의 이름을 가만히 불러 봅니다. 그분들은 모두 그 이름으로 불리며 사제로서 생을 사셨습니다. 이름은 그분들의 삶을 드러내 알려 줍니다. 이름값을 한다는 것, 그 이름이 가리키는 실재實在로 살아간다는 것이 얼마나 힘들고 중요한지 모릅니다.

함부로 지어진 이름이란 없습니다. 이름대로 살지 못하는 삶이 있을 뿐입니다.

1 『논어』「자로」子路 3. "必也正名乎."
2 『논어』「안연」顏淵 11. "齊景公問政於孔子. 孔子對曰, 君君, 臣臣, 父父, 子子."

나 홀로 깨어 있구나

중국 전국시대 말기에 동쪽의 제나라와 서쪽의 진나라가 강대국으로서 세력을 떨치고 있었습니다. 남쪽의 초나라도 나름 부강했지만 제나라와 진나라와의 외교를 통해 세력을 유지하고 있었습니다. 하지만 그 가운데 서쪽의 진나라가 막강한 세력을 과시하며 장차 중국 전역을 통일하려는 야욕을 보이고 있었지요. 초나라는 제나라와 힘을 합쳐 진나라를 경계해야 한다는 파와 진나라가 강하니 그와 화친을 맺어야 한다는 파로 나뉘어 있었습니다. 초나라에는 굴원屈原이라는 대부가 있었는데, 그는 진정한 충신으로서 제나라와 힘을 합쳐 진나라를 경계해야 한다고 주장했습니다. 하지만 초나라의 정국을 좌우하는 건 친진파親秦派였습니다. 결국 굴원은 모함을 받고 쫓겨났고, 진나라에 의해 초나라는 멸망했으며, 초나라 왕은 진나라 땅에서 죽었습니다. 굴원은

멱라수 강가에서 머리를 풀어헤치고 미친 사람처럼 이렇게 읊조 렸다고 합니다. "온 세상이 혼탁한데 나 홀로 깨끗하고, 모든 사 람이 다 취했는데 나 홀로 깨어 있어서 결국 쫓겨났구나." 그러자 옆에서 듣고 있던 어부가 말했습니다. "온 세상이 혼탁하다면 왜 그 흐름을 따라 그 물결을 타지 않으십니까? 모든 사람이 취해 있다면, 왜 그 지게미를 먹거나 그 밑술을 마셔 함께 취하지 않으 십니까?" 그러자 굴원은 말합니다. "새로 머리를 감은 사람은 반 드시 관의 먼지를 털어서 쓰고, 새로 목욕을 한 사람은 반드시 옷 의 티끌을 털어서 입는다고 했소. 사람이라면 그 누가 자신의 깨 끗한 몸에 또 더러운 때를 묻히려 하겠소? 차라리 강물에 몸을 던져 물고기의 배 속에서 장사를 지내는 게 낫지, 또 어찌 희디흰 깨끗한 몸으로 속세의 더러운 티끌을 뒤집어쓰겠소?" 그러고는 돌을 안은 채 강에 몸을 던져 죽었습니다.[1]

세상이 혼탁하고 사람들이 다 취했는데 나 혼자 깨끗하고 깨어 있 다고 한탄하는 굴원에게 한 어부의 말이 인상적입니다. '세상이 혼탁하다면 당신도 그 혼탁한 물결을 타고 세상과 어울리지 않는 가, 모든 사람이 다 취해 있다면 당신도 술 찌꺼기라도 먹어 함께 취하지 않는가? 홀로 깨어 있어 봐야 당신만 손해다. 대충 세상 시 류에 편승해서 편하게 살아라' 이런 이야기겠지요. 조선 개국에 방해되는 정몽주를 만나 이방원이 읊은 시조가 그런 의미이겠습 니다. "이런들 어떠하리, 저런들 어떠하리. 만수산 드렁칡이 얽혀

진들 어떠하리. 우리도 이같이 얽혀, 백년까지 누리리라." 세상과 적당히 타협하면서 좋은 게 좋다는 식으로 어울려 살아가기를 바라는 사람들은 홀로 독야청청獨也青青하겠다는 사람들을 불편해합니다. 모두 술 취해 흥청망청하는데 취하지 않고 깨어 꼿꼿하게 있는 사람이 탐탁지 않은 것입니다. 도덕적으로 깨끗하고 흠 없는 사람을 보면 어떻게 해서라도 흠집을 내어 '너도 똑같은 놈이구나'라고 해야 마음이 좀 놓이나 봅니다.

한국 교회는 순교자들의 피 위에 세워졌다고 해도 과언이 아닙니다. 순교자들은 혼탁한 세상에 적당히 젖어들어 함께 흘러가자는 유혹을 과감히 물리치고, 깨끗하게 하느님의 진리를 택한 사람들입니다. 세상이 흥청거리며 술에 취해 욕망이 주는 쾌락만을 추구할 때, 칼날같이 깨끗한 정신으로 깨어 무엇이 올바른 삶인지 제시해 준 사람들입니다. 그분들은 죽음 앞에서도 흔들리지 않고 신앙을 증거했습니다. 오늘날 '순교'의 의미는 무엇일지 진지하게 생각해 봐야 하겠습니다. 이제 신앙을 위해 목숨을 내놓아야 할 일은 없습니다. 과거에는 무자비한 폭력에 맞서 신앙을 지키는 것이 순교였습니다. 오늘날의 순교는, 매일의 일상에서 세상이 주는 재미와 쾌락만 좇아가는 욕망에 맞서 작은 진리를 추구하고 신앙을 지켜 나가는 것이 아닐까 합니다.

1 사마천 『사기』「굴원가생열전」屈原賈生列傳 참조.

베네딕도 16세 교황님을
추모하며

2022년의 마지막 날, 전임 교황이셨던 베네딕도 16세께서 선종하셨습니다. 2005년 4월 19일에 제265대 교황으로 선출되어 2013년 2월 28일 사임하실 때까지 팔 년이 안 되는 짧은 기간이었지만, 재임 기간 동안 그분의 삶은 우리에게 많은 울림을 주었습니다. 특히 베네딕도 16세 교황님을 생각할 때 가장 먼저 떠오르는 것은 "하느님은 사랑이십니다"(1요한 4,16)라는 말씀입니다. 교황님께서는 이 말씀을 제목으로 한 첫 회칙을 통해 우리 신앙의 핵심이 사랑이라는 것을 강조하셨지요.

베네딕도 16세께서는 미리 작성한 유언서에서 말씀하셨습니다. "복수나 심지어 증오와 폭력의 명분에 하느님의 이름을 결부시키는 오늘날, 이러한 메시지는 시의적절하고 중요합니다." 교황님께서는 하느님을 정의할 수 있는 것은 '사랑'이라고 단언

하십니다. 우리가 사랑을 실천해야 하는 것은 단순한 '계명'이 아니라, 하느님께서 우리에게 다가오시는 사랑의 은총에 대한 응답이라는 것을 강조하셨습니다.[1] 그러므로 우리 삶의 중심은 하느님 사랑과 이웃 사랑이 되어야 합니다. 사랑이 인간의 존재 이유인 것입니다.

하지만 현실은 그렇지 않습니다. 사랑으로 가득 차야 할 우리 마음은 아주 작은 요인 때문에라도 쉽게 무너집니다. 분노에 사로잡히거나 이기적인 욕심이 생기면 마음은 걷잡을 수 없이 흔들립니다. 그래서 옛 성현들은 늘 경계하여 마음이 이런 삿된 것에 휘둘리지 않도록 조심해야 한다고 가르쳤습니다.

"분노 참기를 불을 끄듯이 하고, 욕심 막기를 물을 막듯이 하라."[2]

분노는 마치 불이 붙는 것처럼 단숨에 확 치밀어 오릅니다. 작은 불이 여기저기 옮겨붙어 커지면 그때는 이미 걷잡을 수 없습니다. 아주 작은 불씨일 때 확실히 꺼야 합니다. 바싹 마른 산에 떨어진 작은 불씨가 엄청난 화마가 되어 모든 것을 집어삼키는 것을 우리는 많이 봤습니다. 물난리도 마찬가지입니다. 장마나 태풍 때 눈 깜짝할 사이에 불어난 물이 많은 재산과 목숨을 앗아 가는 것을 우리는 알고 있습니다. 미리 대비해야 합니다. 분노와 욕심도 마찬가지입니다. 마음에 분노의 불씨가 막 생길 때 빨리 끄지 않으면 분노의 감정은 내 마음을 온통 사로잡아 나를 망치고 말 것입니다. 작은 욕심이나 욕망이 내 마음을 이끄는 것을 방치한다면 그 욕망은 점점 커지고, 문제의 심각성을 느꼈을 때는 손쓰기에 너무 늦을 것입니다.

마음을 함부로 방치하지 마십시오. 내 마음은 사랑이신 하느님을 품은 거룩한 성전입니다. 이 마음이 원래 지향하는 바는 사랑입니다. 하느님을 향한 사랑과 이웃을 향한 사랑이 내 마음에 가득 차도록 노력해야 합니다. 분노나 욕심 같은 감정에 휘둘려 자신을 망치지 마십시오 우리는 하느님의 자녀로 태어났고, 우리 마음은 사랑으로 가득 차야 합니다.

베네딕도 16세 전임 교황님을 하느님 품에 보내 드리며, 그분의 가르침을 다시 한번 마음에 새깁니다.

"그리스도인이 된다는 것은 윤리적 선택이나 고결한 생각의 결과가 아니라, 삶에 새로운 시야와 결정적인 방향을 제시하는 한 사건, 한 사람을 만나는 것입니다."[3]

---

1 『하느님은 사랑이십니다』 1항 참조.
2 『명심보감』 「정기」正己 13. "懲忿如救火, 窒慾如防水."
3 『하느님은 사랑이십니다』 1항.

시간의 속도

아름다운 가을은 빨리 지나갑니다. 아름답게 물든 단풍잎도 하나 둘씩 떨어지고 나무도 겨울을 맞을 준비를 하는 늦가을이 되면 항상 여름은 너무 길고 가을은 참 짧다는 생각을 합니다. 지구온 난화의 영향도 있겠지만, 좋은 계절을 느끼는 시간은 상대적으로 빨리 지나가는 것 같습니다. 시간은 어디서나 누구에게나 똑같이 흐르지만, 그 시간을 보내는 사람의 상황에 따라 시간의 속도는 다르게 느껴집니다. 황금연휴, 군 입대 후 첫 휴가, 방학, 사랑하는 이와의 데이트, 이런 시간은 상대적으로 빨리 갑니다. 반면에 긴 연휴 끝의 월요일, 맛집 앞에서 줄서서 기다리는 시간, 출퇴근 길의 정체된 도로에서 보내는 시간, 강의 때 졸음을 참으면서 종 치기를 기다리는 시간은 너무나 느리게 흘러갑니다.

이렇듯 가을은, 엄청난 무더위가 지난 후 하늘은 높고 푸르며 바람이 선선해지고 단풍은 아름답게 물든 찬란한 계절 가을은 쏜살같이 지나가 버립니다. 그리고 곧 겨울이 오겠지요. 우리네 인생도 마찬가지입니다. 아름답고 찬란한 삶은 가을처럼 빨리 지나가 버립니다. 때로는 고통과 슬픔이 삶을 뒤흔들지만, '똥밭에 굴러도 이승이 낫다'는 속담처럼 죽음 앞에 서면 회한과 아쉬움이 남아 조금이라도 더 살고 싶은 게 우리네 인생입니다. 그래서 죽음은 피하고만 싶고, 죽음에 대해서 미리 생각하고 싶어 하지 않습니다. 하지만 우리가 죽음을 묵상하는 이유는 삶의 의미를 깨닫고, 삶에 더 충실하기 위해서입니다. 『논어』에 이런 말이 나옵니다.

계로(자로)가 공자에게 물었습니다. "감히 죽음에 대해서 묻고자 합니다." 그러자 공자께서 대답했습니다. "아직 삶에 대해서도 알지 못하는데 어찌 죽음을 알겠느냐?"

우리는 죽음이 무엇인지 알지 못합니다. 하지만 사람은 누구나 죽는다는 것은 압니다. 누구도 죽음을 피할 수 없으며, 죽음 앞에서 삶은 너무나 나약할 뿐입니다. 그렇다고 죽음을 두려워하며 절망 속에서 삶을 이어 나갈 수는 없는 노릇입니다. 죽음은 피할 수 없지만, 누구에게나 찾아오기에 오히려 살아 있는 동안의 시간에 더 충실할 수 있는 것입니다.

11월 위령성월은 세상을 떠난 이들을 기억하고 기도해 주는 달입니다. 그리고 우리의 죽음을 생각하며 남은 생을 어떻게 살아야 할지 묵상해 보는 시기입니다. 좀 더 사는 것, 누구보다 오래 사는 것이 과연 중요할까요? 그보다 어떤 삶을 살아야 하는지가 더 의미 있는 고민일 것입니다. 시간은 상대적이기 때문입니다. 『논어』에는 이런 이야기도 나옵니다. "아침에 도道를 들으면, 저녁에 죽어도 좋다."[2] 성인은 살아 있는 동안 도를 듣고 깨달을 수 있다면 죽어도 좋다고 했습니다. 우리도 살면서 도를 들으면, 진리를 접하면, 주님을 만나 영원한 삶이 펼쳐진 구원을 깨닫는다면, '죽어도 좋다'라고 이야기할 수 있을까요?

> "진실히 진실히 당신들에게 이릅니다. 내 말을 듣고 또 나를 보내신 분을 믿는 이는 영원한 생명을 얻습니다. 그리고 그는 심판으로 끌려 들어가지 않고 오히려 죽음에서부터 생명으로 이미 옮겨 간 것입니다"(요한 5,24).

---

1 『논어』「선진」先進 12. "敢問死. 曰, 未知生, 焉知死."
2 『논어』「이인」里仁 8. "朝聞道, 夕死可矣."

위로,
슬픔 나누기

코로나19 팬데믹 기간 동안 장례식장에 가면 그야말로 분위기가 썰렁했습니다. 유족들은 감염 확산 우려에 부고를 전하고도 오지 마시라고 당부하고, 비보를 접한 사람들은 조문을 갈 수도 안 갈 수도 없어 난처해했습니다. 유족들은 물론, 몇 안 되는 조문객들도 모두 마스크를 쓰고 조문을 드린 뒤, 음식도 먹지 않고 짧게 인사만 나누고 떠났습니다. 유족들은 슬픔마저도 제대로 표현하지 못하고 속으로 삼켜야 했습니다.

장례예식은 어쩌면 남아 있는 이들을 위한 것인지 모릅니다. 유족들은 떠나는 이에 대한 슬픈 감정을 충분히 드러내고, 떠나는 이가 이승에 남긴 여한이 없는지 살핍니다. 고인을 아는 지인들은 장례식장을 찾아 그를 추모하고, 유족을 아는 지인들은 그들의 슬픔을 함께 나누며 위로를 전합니다. 상갓집에 모두 모여 떠난 이를 추모하며 남은 이들을 위로하는 아름다운 풍습이 우리네 장례 예식입니다.

유교 문화에 따르면, 장례를 치른 후에 초우初虞, 재우再虞, 삼우三虞 제사를 치릅니다. 돌아가신 분의 영혼을 편안하게 해 드리는 제사입니다. 사람은 혼백魂魄으로 이루어져 있습니다. 혼魂은 정신이요 영혼이며, 백魄은 형체를 지닌 우리의 육신입니다. 사람이 죽으면 육신은 땅에 묻혀 자연스레 흙으로 돌아가지만, 영혼은 그 육신을 떠나지 못하고 혼란스러워한다고 여겼습니다. 자손들이 제사를 지내며 혼을 달래, 영혼이 원래 왔던 하늘로 잘 돌아가기를 바라며 삼우제까지 지내는 것입니다. 혼魂과 백魄이 나뉘어 백魄은 땅에 묻히고 혼魂은 하늘로 올라가기까지 삼일 정도가 걸린다고 생각하고, 또 장례를 치른 삼일 후에 묘소를 찾아 묘지가 제대로 갖춰졌는지 살피기 위해서 삼우제를 지내는 것입니다. 이처럼 사람 한 명이 세상을 떠난다는 것은 엄청난 일입니다. 특히 고인의 가족과 친구들은 고인을 잘 떠나보내기 위해서 예를 갖추어 의식을 치르고, 이들을 아는 사람들은 모두 모여 그 슬픔을 나누며 위로합니다. 공자께서도 상갓집을 방문할 때는 마음에서 우러나오는 예를 다했습니다.

> "공자께서는 상을 당한 사람 곁에서 음식을 먹을 때에는 배부르게 드신 적이 없었다. 그리고 이 날에 곡哭을 하였으면 노래를 부르지 않으셨다."[1]

공자에게 상례喪禮는 형식적인 것이 아니었습니다. 진심으로 함께 슬퍼하며 유족들을 위로하였으며, 오전에 상갓집에 가서 곡을 하고 오후에 잔칫집에 가서 술을 마시며 노래하는 행동을 하지 않으셨습니다. 사람의 감정은 진심으로 슬픔을 나누었다면 돌아서서 웃으며 노래할 수 없는 것입니다.

　죽은 이를 떠나보내며 '나의 죽음'을 생각해 봅니다. 죽음을 생각하다 보니, 남은 생을 어떻게 살아야 할 것인가를 생각하게 됩니다. 결국, '죽음'을 생각하는 것은 '삶'을 생각하는 것인가 봅니다. 세상을 떠난 이들을 기억하고 그들을 위해 기도하면서, 남아 있는 이들을 사랑해야겠습니다. 그리고 나의 남은 생은 어떻게 살아야 할 것인지, 그래서 훗날 나는 죽음을 어떻게 맞을 것인지 생각해 봐야겠습니다. 우리 곁을 떠난 이들을 생각합시다. 그리고 우리의 남은 삶을 생각합시다.

"저희는 죽어야 할 운명을 슬퍼하면서도,

　다가오는 영생의 약속으로 위로를 받나이다."

_「위령감사송 1」 중에서

1　『논어』「술이」述而 9. "子食於有喪者之側, 未嘗飽也. 子於是日哭, 則不歌."

4장

덕은 외롭지 않다

『논어』 「이인」 25

절차탁마

절차탁마切磋琢磨.『시경』詩經에 나오는 말로, 상아나 옥돌을 다
듬고 또 다듬어 완전무결한 보석을 만들어 내는 과정을 이야기
하는 말입니다. 톱으로 자르고(切), 줄로 쓸며(磋), 끌로 쪼고(琢),
숫돌에 가는(磨) 과정을 통해 거친 원석이 아름답고 가치 있는 보
석이 되는 것이지요. 원석을 갈고닦아 보석을 만들듯이 꾸준히
학문을 배우고 도덕 수양을 해서 자신을 키워 나가야 함을 이르
는 말입니다. 거친 세상 속에서 살아가는 우리도 절, 차, 탁, 마하
며 자기 자신을 아름다운 보석으로 가꾸어 나가야 할 것입니다.

『논어』에 공자와 제자 자공이 절차탁마에 대해 이야기하는 부분
이 나옵니다. 공자의 제자 자공이 어느 날 스승께 물었습니다. "가
난한데도 아첨하지 않고 부유한데도 교만하지 않다면 어떻습니

까?" 그러자 공자가 말했지요. "좋구나. 하지만 가난하면서도 즐거워하고, 부유하면서도 예를 좋아하는 것보다는 못하다." 자공이 다시 말했습니다. "『시경』에 '자르듯이, 쓸듯이, 쪼듯이, 갈듯이' 해야 한다고 나오는데, 이것을 말하는 것입니까?" 이 말에 공자는 칭찬하며 말합니다. "자공아, 이제 비로소 너와 함께 시를 이야기할 수 있겠구나. 지난 일을 말해 주었더니 앞일을 아는구나."[1]

가난해도 올바른 일을 해 나가는 데 즐거워하고, 부유하더라도 교만하지 않고 타인을 배려하는 예禮가 갖추어져 있는 도덕적 경지에 이르기 위해서는 끊임없이 자신을 갈고닦는 노력이 있어야 할 것입니다. 그래서 옛 성현들은 이기심과 욕망이 자신의 의지를 무너뜨리지 못하도록 끊임없이 절차탁마하며 자신을 보석처럼 빛나게 닦아 나갔을 것입니다.

신앙인의 삶도 마찬가지입니다. 주님의 자녀로서 사랑의 계명을 실천해 나가는 삶은 매우 어렵습니다. 사랑의 실천에는 '적당히', '대충대충'이라는 말이 없습니다. '이 정도 하면 되겠지'라는 생각은 우리의 착각입니다. '이웃뿐만 아니라 원수를 사랑하고 박해하는 이들을 위해서 기도하라, 자선을 베풀 때 오른손이 하는 일을 왼손이 모르게 하라, 세상의 빛과 소금이 되어라 ….' "하늘의 아버지께서 완전하신 것같이 여러분도 완전해야 합니다"(마태 5,48). 주님께서 요구하시는 사랑의 수준은 당신처럼 완벽한 사랑입니다. 사랑의 실천도 적당히 하고, 신자로서의 삶도 적당히 한다면 우리도 세상의 부패한 권력자들이나 거기에 빌붙어 아첨하는 이들과 다를 것이 없습니다. 예수님을 따르는 길이 힘들고 지치더라도 절차탁마하는 마음으로 우리에게 주어진 이 길을 걸어가야 하겠습니다.

새해가 시작될 때, 새로운 학기나 새로운 일을 시작할 때 우리는 새로운 결심을 세웁니다. 하지만 처음 마음처럼 꾸준히 해 나가기는 어렵습니다. 한 걸음씩 한 걸음씩 마음을 다잡으며 조금씩 갈고닦아 나아가야 하겠습니다. 이 길은 함께하기에 결코 외롭지 않은 길입니다. 우리가 서로 함께하고, 주님께서 함께하시기 때문입니다.

---

1 『논어』「학이」學而 15. "子貢曰, 貧而無諂, 富而無驕, 何如? 子曰, 可也, 未若貧而樂, 富而好禮者也. 子貢曰, 詩云, '如切如磋, 如琢如磨', 其斯之謂與? 子曰, 賜也, 始可與言詩已矣, 告諸往而知來者."

동시효빈

중국의 4대 미인 가운데 서시라는 여인이 있었습니다. 춘추시대 절강성浙江省 어느 시골 나무꾼의 딸이었던 서시는 월越나라 왕 구천에 의해 발탁되어 오吳나라 왕 부차에게 보내졌고, 결국 미인계로 오나라를 망하게 한 여인으로 유명합니다. 마을 서쪽에 사는 시施 씨 성을 가진 여인이라 하여 '서시'西施라고 불렸습니다. 그 마을 동쪽에도 시 씨 성을 가진 여인이 있었는데 '동시'東施라고 불렸습니다. 서시와 달리 못생겼던 그녀는 빼어난 미모의 서시를 늘 부러워하고 동경했지요. 서시는 당시 패션의 아이콘이었습니다. 그녀의 옷, 걸음걸이, 머리 모양까지 모든 것이 여인들에게 유행이 되었습니다. 그런데 서시는 심장이 안 좋았는지 자주 한 손을 가슴에 얹고 이맛살을 찌푸렸다고 합니다. 하지만 그 모습마저도 아름답고 매력적이었습니다. 이를 본 동시는 자기도 가슴을 쥐어뜯으며 이맛살을 찌푸리고 돌아다녔다고 합니다. 그렇잖아도 못생긴 동시가 얼굴까지 찡그리며 다니니 더 못생겨 보일 수밖에요. 그래서 사람들의 웃음거리가 되고 말았지요.

동시효빈東施效嚬. '동시가 서시의 찡그림을 따라하다'라는 뜻으로, 『장자』「천운편」天運篇에 나오는 이야기입니다. 자신의 장점은 깨닫지 못한 채 무작정 남을 부러워하며 따라하는 행동을 비판하는 말이지요. 누가 봐도 동시의 행동은 어리석어 보이지만 우리도 부지불식간에 동시와 같은 어리석음을 저지를 때가 많습니다. 자신의 고유한 가치, 자기만의 탤렌트는 생각하지 못하고 남이 가진 좋은 점만 보면서 부러워한다든지, 끊임없이 다른 사람과 비교하면서 다른 사람의 좋아 보이는 것만 맹목적으로 따라하는 경우도 많습니다. 에스엔에스SNS의 발달은 타인의 삶을 더 쉽게 들여다볼 수 있게 만들었고, 좋았던 추억, 행복한 순간만을 보여 주는 사진과 소식들은 나 빼고 모두가 행복한 것 같은 느낌이 들게 합니다. 서로 비교하면서 자존감이 부족한 사람은 남의 행복을 따라해야만 행복의 대열에서 밀려나지 않을 거라는 불안감에 휩싸이지요. 내가 가진 나만의 좋은 점을 생각하고 먼저 자신을 존중하고 사랑하는 마음이 필요합니다.

봄이 되면 혹독한 겨울의 추위를 이겨 내고 땅속에서 돋아 나오는 여린 싹을 봅니다. 우리도 나만의 아름다움을 싹 틔워야 할 것입니다. 내가 가진 좋은 점을 발견하지 못하고 다른 사람의 행복만을 부러워하며 좇아간다면 봄이 와도 나에겐 봄이 아닐 것입니다. 공자는 이런 말을 했습니다.

"싹은 트는데 꽃이 피지 않는 것이 있고,
꽃은 피어도 열매 맺지 못하는 것이 있다."[1]

나무가 열매 하나를 맺기 위해서는 지난한 과정을 거쳐야 합니다. 봄부터 싹을 틔우고 꽃을 피워야 하며, 그 꽃이 벌과 나비의 도움으로 수정을 해서 열매를 맺기까지 끊임없이 노력해야 하는 것이지요. 열매 맺지 못하는 무화과나무를 보고 예수님께서 화를 내시며 그 무화과나무를 말려 버린 이야기를 기억합시다(마태 21,18-22 참조). 우리도 하느님의 말씀이 내 안에서 싹트고 꽃을 피우고 결실을 맺을 수 있도록 지치지 말고 열심히 노력해 나갑시다. 나에게 주신 나만의 고유한 탈렌트를 잘 키워 나가도록 힘써야 할 것입니다.

---

1 『논어』「자한」子罕 21. "苗而不秀者有矣夫, 秀而不實者有矣夫."

다양한 것들의 조화,
그 아름다움

얼마 전, 중앙아프리카공화국으로 선교를 떠나는 후배 신부와 저녁 식사를 했습니다. 병원사목을 하는 후배와 서품 받은 지 일 년도 안 된 보좌신부 생활을 하는 후배도 함께였습니다. 예수님의 부르심을 따라 사제가 되어 하느님 나라의 사업을 하겠다는 뜻은 같았지만, 너무나 다른 자리에서 다른 모습으로 일하며 다른 고민들을 하고 있는 모습이 재밌기도 하고 신기하다는 생각도 들었습니다. 사실 지금도 수많은 사람이 다양한 모습으로 다양한 자리에서 다양한 방식으로 하느님 나라의 일을 하고 있겠지요. 각자 다른 색과 밝기로 빛을 밝히고 있겠지요. 하지만 이 다양한 모습은 하나의 축을 중심으로 서로 조화를 이루어 갑니다. 그 축은 바로 주님이십니다.

세상은 빠르게 변화하고 발전하며 각자 그 다양성을 인정하고 있습니다. 하지만 우리가 사람들과 관계를 맺는 현실을 돌아보면, 나와 다름을 받아들이기 어려워하는 사람을 많이 봅니다. 그래서 사람들과는 관계 맺기를 꺼려하며 자기 세계를 구축해서 간섭받지 않고 편하게 살려고 합니다. 나와 잘 맞는 몇몇 사람만 가까이하면서요. 그러면서도 끊임없이 다른 사람과 자신을 비교하며 나의 처지에 힘들어합니다. 에스엔에스SNS에 올라오는 지인들의 소식을 보면서 부러워하고 나의 처지를 비관하기도 하지요. 타인을 받아들일 수 있는 여유는 나를 존중하고 사랑하는 데서 출발합니다. 나는 얼마나 나를 존중하고 믿어 주는지요?

> "군자는 긍지를 가지되 다투지 않고, 무리와 어울리지만 파벌을 만들지 않는다."[1]
> "군자는 조화를 이루려고 하지 같아지려고 하지 않으며, 소인은 같아지려고 하지 조화를 이루려고 하지 않는다."[2]

공자의 말씀입니다. 군자는 자기 존재의 고유하고 존엄한 특성을 잘 압니다. 도덕적인 의지와 선한 본성을 가진 스스로에 대해 강한 긍지(矜)를 가지고 있습니다. 그러니 남과 비교하며 나보다 낫다하여 시기하지 않고 나보다 못하다하여 업신여기지 않습니다. 다투지 않고 상대의 고유한 아름다움을 인정하고 받아 줍니다. 그러면서도 군자는 혼자서 독야청청하지 않고 사람들과 어울립니다. 무리와 어울리며 더불어 살아갑니다. 그러면서도 파벌을 만들지는 않습니다. 파벌은 이익을 같이하는 사람들이 권력을 형성하기 위해 모이는 것입니다. 그래서 군자는 획일적으로 모든 것이 우리와 같아야 한다는 생각을 피합니다. 오히려 나와 다른 다양한 것들의 조화를 추구합니다. 사제들이 다양한 장소에서 다양한 방법으로 사목을 하듯이, 우리 신자들이 다양한 삶의 현장에서 신앙인으로 살아가듯이 각기 그 모습과 방법과 삶의 자리는 다양하지만 서로 조화를 이루며 하느님 나라를 건설해 가는 모습은 아름답게 드러날 것입니다.

---

1 『논어』「위령공」衛靈公 22. "君子矜而不爭, 群而不黨."
2 『논어』「자로」子路 23. "君子和而不同, 小人同而不和."

세한

날씨가 매섭게 추운 겨울날에는 가끔 추사 김정희 선생의 「세한
도」歲寒圖가 생각납니다. 그림을 보면, 황량한 겨울 들판에 집이
한 채 있고, 그 주위에 소나무 한 그루와 잣나무 세 그루가 서 있
을 뿐입니다. 집 주변으로 멋진 산수가 펼쳐져 있는 것도 아니고
나무가 수려한 자태를 뽐내지도 않습니다. 유명하다는 「세한도」
를 처음 보고는 실망했던 기억이 있을 정도니까요. 하지만 나이
가 들수록 매서운 추위가 찾아들면 「세한도」의 춥고 황량한 배경
과 꿋꿋하게 서 있는 나무들이 떠오르곤 합니다. '세한'歲寒이라
는 말은 『논어』에서 왔습니다. 공자께서 이렇게 말씀하셨습니다.

> "날이 추워진 뒤에야 소나무와 잣나무가 늦게 시드는 것을 알
> 겠다."[1]

조선 금석학의 대가요 서화와 학문에도 뛰어나 청나라에까지 유명했던 김정희는 정치적인 이유로 50대 중반에 제주도로 유배를 갔습니다. 십 년 전에는 아버지도 유배를 갔고, 유배 중에 가장 친한 친구의 죽음을 알게 되었고, 얼마 후에는 부인과도 영원한 이별을 하게 되었습니다. 반대파의 박해는 더욱 심해졌고, 한양에 있던 친구들과의 연락도 점차 끊겼습니다. 유배 간 죄인과 연루되어 좋을 것이 없다고 생각했겠지요. 김정희는 책을 벗 삼아 지낼 뿐이었습니다. 하지만 제자였던 이상적만은 한결같이 김정희를 챙겼습니다. 청나라에서 귀한 책을 구하여 김정희에게 보내 주기도 했습니다. 유배 전이든 유배를 간 후든 이상적의 마음은 변함이 없었습니다. 이에 대한 답으로 김정희가 보낸 것이 「세한도」였습니다. 아마 『논어』의 이 구절이 생각났겠지요.

우리도 살아가면서 이런 이치를 절실히 느낄 때가 있지요. 내가 힘들 때 곁에 남아 있는 친구가 진정한 친구입니다. 넉넉한 형편에서는 다들 좋은 관계를 유지하지만, 어느 순간 나의 상황이 안 좋아졌을 때, 내가 나쁜 사람으로 낙인 찍혀 모두가 손가락질할 때조차 나의 편이 되어 주고 내 곁에 머물러 주는 이가 있다면 얼마나 좋을까요? 사실 그런 분이 계십니다. 바로 예수님이시지요. 하지만 우리는 나약한 인간인지라 직접 위로의 말을 듣고 품에 안기고픈 친구를 필요로 합니다.

날이 추워진 뒤에야 소나무와 잣나무가 얼마나 꿋꿋하게 자리를 지키는지 알 수 있습니다. 화려한 단풍과 큰 그늘을 드리워

주던 나무도 모두 추위가 오면 잎을 떨어뜨리고 추위를 견뎌 내기 위해 죽은 듯이 있습니다. 눈 덮인 한겨울에도 푸르름을 유지하는 소나무와 잣나무의 강건한 모습은 보는 이에게 믿음을 주면서도 한편으로는 처연하고 애틋한 마음을 불러일으킵니다.

"사람들이 여러분에게 손을 대어 박해할 터인데 … 내 이름 때문에 임금들과 총독들 앞으로 끌려갈 것입니다. 여러분은 내 이름으로 말미암아 모든 사람에게 미움을 받을 것입니다"(루카 21,12.17).

우리의 신앙에 찬바람이 불고 매서운 추위가 몰려오면 우리는 어떨까요? 그제야 소나무와 잣나무처럼 의연한 신앙이 드러나겠지요? 평온한 상태에서는 사람들의 신앙이 다 안정되어 보이고 별 차이를 느낄 수 없습니다. 하지만 삶에서 시련을 만나거나 절망에 빠져 허우적댈 때, 신앙 때문에 불이익을 받거나 박해를 받을 때면 참된 신앙이 빛을 발하겠지요. 약한 신앙은 찬바람에 사그라지겠지요.

우리의 신앙이 세한歲寒에도 굴하지 않고 푸르름을 유지하는 소나무나 잣나무 같기를 바랍니다. 삶에 찬바람이 불어닥칠 때 우리는 예수님의 사랑으로 서로 "빛"이 되어 줍시다. "빛"을 비추는 사람이 되도록 합시다.

"여러분의 빛이 사람들 앞에 비치어, 그들이 여러분의 좋은 행
실을 보고 하늘에 계신 여러분의 아버지를 찬양하게 하시오"
(마태 5,16).

---

1 『논어』「자한」子罕 27. "歲寒然後, 知松栢之後彫也."

덕은 외롭지 않다

대구대교구청 대건관 건물 앞 표지석에는 이런 글귀가 적혀 있었습니다. "진리眞理는 외롭지 않다." 지금은 신청사 건립으로 철거되었지만, 대건관은 1954년 미군의 원조를 받아 지어졌습니다. '김대건 신부님 기념관'이라고 불렸는데, 대건 중·고등학교의 도서관, 과학관으로 쓰였습니다. 당시 최덕홍 주교님께서 표지석의 글을 쓰신 게 아닐까 생각합니다. 이 표지석을 볼 때마다 저는 『논어』의 한 구절을 떠올립니다.

"덕은 외롭지 않다. 반드시 이웃이 있기 마련이다."[1]

덕德은 외롭지 않다. '덕을 갖춘 사람, 덕을 쌓아 나가는 사람은 결코 외롭지 않다. 그런 사람 곁에는 반드시 이웃들이 모이기 마런이다.' 이런 뜻이겠지요. 외로움, 고독함, 홀로 있음. 이런 단어들은 현대를 살아가는 도시인들을 수식하는 단어가 되었습니다.

「나 혼자 산다」라는 예능 프로그램이 있습니다. 많은 사람이 혼자 사는 연예인들의 삶을 엿보며 화려한 그들의 삶도 그 이면에는 우리와 다르지 않게 외롭다는 데 공감을 하는 것 같습니다. 현대인들은 군중 속에서도 외로움을 많이 느낀다고 합니다. 대도시의 인파 속에서도 고독감을 느끼지요. 가족과 함께 산다고 해서 외롭지 않은 것은 아닙니다. 관계 안에서 느끼는 외로움이 더 큰 법입니다. 미국의 유명 작가 올리비아 랭은 『외로운 도시』라는 그의 저서에서 이렇게 이야기합니다. "고독하다는 것은 어떤 기분인가? 그건 배고픔 같은 기분이다. 주위 사람들은 모두 잔칫상에 앉아 있는데 자기만 굶고 있는 것 같은 기분이다." 오랜만에 모임에 나가 보면 모두 여행을 가고, 고급 음식점에 가고, 명품을 사고, 그야말로 모두 잘나가고 행복한 것만 같은데 나만 홀로 외롭고 재미없게 사는 것 같습니다. 어떻게 하면 좋은 사람들과 관계를 맺으며 행복할 수 있을까요?

진리를 추구하고, 덕을 실천해 나가면 정말 외롭지 않을까요? 오히려 진리를 추구하는 사람들이 더 외롭게 살아가는 것을 봅니다. 덕을 실천하는 사람 곁에 있기가 버거워 그를 떠나는 사람들을 봅니다. 『논어』의 이 구절에 대해 주희朱熹는 이렇게 설명을 붙였습니다. "덕은 고립되지 않고 반드시 비슷한 사람이 응답한다. 그러므로 덕 있는 사람은 반드시 비슷한 사람이 그를 따르니, 마치 사는 곳에 이웃이 있는 것과 같다."[2] 진리를 추구하고 덕을 실천하는 사람들은 자신이 옳다고 생각하는 일을 묵묵히 해나갈 뿐입니다. 그러다가 마음이 맞거나 덕을 실천하는 다른 사람이 생기면 이웃처럼 그 사람과 함께하기에 결코 외롭거나 고독하지 않습니다.

지금 내가 외롭다거나, 나만 홀로 외톨이가 된 것 같다고 느낀다면 오히려 자신의 삶을 돌아봅시다. 내가 얼마나 진실된지, 내가 얼마나 덕을 쌓고 있는지 말입니다.

---

1 『논어』「이인」里仁 25. "德不孤, 必有隣."
2 주희『논어집주』論語集註「이인」里仁 25.

⊛

사람, 사랑

신학생 시절에 「못자리」라는 교구 신학생들의 소식지가 있었습니다. 입학한 지 얼마 되지 않았을 때, 누가 썼는지도 기억나지 않지만 「못자리」에서 읽은 글 가운데 한 부분이 인상적이어서 아직도 기억납니다. "'사람'이라는 글자와 '사랑'이라는 글자가 너무 닮았는데, '사람'이 '사랑'이 되기 위해서는 'ㅁ'이 'ㅇ'으로 바뀌면 된다. 'ㅁ'이 'ㅇ'이 되려면, 즉 모난 네모가 둥근 동그라미가 되기 위해서는 서로 부딪혀 깎여 나가고 닳아서 둥글둥글해져야 한다."

　사람이 사랑하는 존재가 되기 위해서는 서로 소통을 하고 관계를 맺어 나가야 합니다. 나와 잘 맞는 부분도 있지만 서로 맞지 않는 부분도 있기 마련입니다. 맞지 않는다고 만나는 걸 부담스러워 피한다거나 나 홀로 살겠다며 다른 사람과의 관계 맺기를 포기한다면 우리는 사랑으로 나아가지 못하겠지요. 자꾸 만나 소통을 하고 서로 모난 부분은 깎이고 부족한 부분은 채워지면서 관계를 이어 나가면 동그라미가 서로를 잘 받아들이 듯이 사랑하는 관계가 될 것입니다.

최근 사람들의 성향을 보면, 자기와 불편한 관계를 맺어 나가기를 꺼리는 경향을 봅니다. 문자는 주고받아도 직접 통화하기는 싫어합니다. 그러니 얼굴을 맞대고 만나는 건 더 부담스러워하지요. 편한 친구 관계가 아니라 직장 상사나 잘 모르는 사람들과 업무 때문에 연락해야 하는 것이라면 더 힘듭니다. 만나는 것보다는 간단히 메일이나 문자로 꼭 필요한 말만 주고받으려 하지요. 굳이 안 해도 되는 일이라면 하기 싫은 것은 안 하고 피하려고 합니다. 관계를 맺는 것도 최소한 편하고 잘 맞는 사람들과 관계를 맺고 싶어 합니다. 부부나 친구 사이에서도 내가 깎이고 손해 보며 힘든 작업을 해야만 하는 '관계 맺기'라면 그냥 회피하거나 포기하는 경우도 많습니다.

하지만 세상을 홀로 살아가거나 나와 잘 맞는 사람들과만 관계 맺으며 살아갈 수는 없는 노릇입니다. 우린 수많은 사람과 관계를 맺으며 살 수밖에 없고, 그러려면 깎이고 손해 보는 것을 감수하고 서로를 받아들이는 노력도 해야만 합니다. 어떻게 해야 할까요? 공자는 말과 행실이 바르다면 아무리 문화가 다르고 나와 소통이 안 되는 곳이라도 진실이 통한다고 이야기합니다.

"말이 진실하고 믿음직스러우며 행실이 돈독하고 공손하다면, 비록 오랑캐의 나라라 하더라도 행할 수 있으나, 말이 진실하고 믿음직하지 않으며 행실이 돈독하고 공손하지 않다면 자신이 사는 마을이라 하더라도 행할 수 있겠는가?"[1]

오랑캐의 나라라면 문화와 관습이 다르고 정말 소통하기 어려운 곳입니다. 하지만 내가 하는 말이 진실 되고 내가 행하는 행동거지가 공손하다면 소통이 안 될 리 없다는 것입니다. 하지만 내 말에 믿음이 없고 내 행동이 독실하지 않다면 우리 동네 사람들과도 제대로 소통이 되지 않고 관계를 이룰 수 없을 것입니다.

　'사람'의 모난 부분을 깎아 '사랑'으로 나아가기 위해서는 다른 사람과 소통하며 관계를 맺어 나갈 수밖에 없습니다. 나의 모난 부분은 무엇인지 돌아볼 수 있으면 좋겠습니다.

1　『논어』「위령공」衛靈公 6. "言忠信, 行篤敬, 雖蠻貊之邦, 行矣. 言不忠信, 行不篤敬, 雖州里, 行乎哉?"

선우후락

몇 해 전 선종하신 제 할머니 이야기를 할까 합니다. 1920년에 태어나신 할머니는 98년의 삶을 살고 하느님 품에 안기셨습니다. 할머니를 떠올릴 때면 늘 온화한 미소가 떠오릅니다. 할아버지께서 돌아가신 후 작은 아파트에 홀로 지내셨던 할머니는 명절이나 생신 때 자녀들과 손주들이 오면 참 반갑게 맞아 주셨습니다. 일곱 남매와 사위, 며느리에 손주들까지 좁은 거실 가득 사람들이 둘러앉아 이야기꽃을 피우면 할머니는 아무 말씀도 안 하시고 조용히 뒤에 앉아 흐뭇하게 바라보고 계셨습니다. 피곤하지 않으시냐고 여쭤 보면 당신은 괜찮다고 하셨지요. 돌아갈 때가 되면 누구보다 서운해하시며 오랫동안 배웅해 주셨습니다.

장례를 치르며 누군가가 '할머니 화내는 모습을 한 번도 본 적이 없다'고 이야기하자 모두 고개를 끄덕였습니다. 그러고 보니 제 기억에도 할머니께서 화를 내거나 큰 소리를 치시거나 짜증을 내는 모습은 없었습니다. 말년에 요양병원에 계실 때, 늘 집을 그리워하며 돌아가고 싶어 하셨습니다. 그러다 멀리 있는 아들이 안부 전화라도 걸어오면 '난 잘 지낸다. 아무 일 없이 편안하다' 하시며 아들이 걱정할까 걱정하셨습니다. 어머니의 마음이 겠지요.

중국 북송北宋 시대의 정치가이자 사상가인 범중엄范仲淹은 동정호洞庭湖를 굽어보는 악양루에 올라 유명한「악양루기」를 지었습니다. 거기에는 어진 선비의 마음을 잘 표현한 구절이 있습니다.

"천하의 근심에 앞서서 근심하고, 천하의 즐거움에 뒤미처 즐거워한다."[1]

여기서 "선우후락"先憂後樂이라는 말이 나왔습니다. 저는 이 구절을 읽으며, 선비나 정치가의 기개보다 '어머니의 마음'이 먼저 떠올랐습니다. 세상 모든 근심에 앞서서 먼저 근심하고, 세상 모든 이의 즐거움을 기다린 후에 자신의 즐거움을 누린다는 뜻이겠지요. 마치 어머니가 자식들 생각에 근심이 그칠 날이 없고, 즐거움은 자식, 손주 즐거움을 보는 낙으로 자신의 즐거움을 삼는 모습과 같습니다.

세상 모든 어머니의 어머니이신 성모님의 마음을 그려 봅니다. 그분은 천하의 모든 이를 자신의 자녀로 삼으신 분입니다. 그러기에 진정 세상 모든 사람의 근심보다 앞서서 근심하시고, 세상 모든 사람들의 즐거움에 뒤미처 즐거워하시는 분이십니다. 자비하신 하느님을 가장 닮은 분이 바로 성모님이 아닐까 생각해 봅니다.

성모님을 생각하다 우리의 어머니들을 생각합니다. 그리고 세상의 어머니들을 생각하다 성모님을 그려 봅니다. 우리도 성모님의 마음을 닮아 나의 근심보다 타인의 근심을 먼저 생각하고, 다른 사람의 즐거움을 생각하며 나의 즐거움을 조금 양보해 봅시다. 우리도 어머니의 마음을 헤아려 그분의 근심이 무엇일지 근심해 보고, 그분의 즐거움을 생각하며 즐거워합시다.

"이 사람이 어머니의 아들입니다. … 이분이 당신의 어머니시오"(요한 19,26-27).

---

1 범중엄范仲淹「악양루기」岳陽樓記. "先天下之憂而憂, 後天下之樂而樂."

예수 마음

요즘 '노 키즈 존'No Kids Zone이라는 안내판이 붙은 식당이나 카페를 많이 볼 수 있습니다. 유아나 어린이의 출입을 제한한다는 것입니다. 아이들을 동반한 부모들 가운데 일부 몰지각한 이들의 행동이 다른 손님들을 불편하게 하고, 아이가 뛰어다니다 사고가 나기도 해서 아예 아이들의 출입을 제한하는 곳이 생겨난 것이지요. 참 각박한 세상입니다. 하지만 가게 주인만 탓할 수는 없습니다. 아이 기저귀를 갈고 그냥 테이블에 놓아두고 가는 사람도 있고, 고함지르며 뛰어다니는 아이에게 주의를 주면 왜 아이 기를 죽이냐며 오히려 큰 소리를 치는 부모도 있어서 주위 사람들의 눈살을 찌푸리게 합니다. 어릴 때부터 공공장소에서 다른 사람을 배려하는 교육이 제대로 이뤄지지 않고, 자기 아이가 하는 행동은 무조건 좋게 보는 부모들의 잘못된 생각이 이런 서글픈

사회현상을 낳은 게 아닌가 합니다. 『대학』이라는 고전을 강의하면서 최근에 읽은 대목이 생각납니다.

> "(상대를) 좋아하면서도 그의 나쁜 점을 알고, 미워하면서도 그의 좋은 점을 아는 사람은 천하에 드물다. 그러므로 속담에 '사람이 그 자식의 나쁜 점을 알지 못한다'고 했다."[1]

사랑하는 마음은 눈을 멀게 한다고 했던가요? 사랑하는 사람의 결점을 제대로 보기 어렵고 미워하는 사람의 좋은 점을 객관적으로 받아들이기 어려운 것이 당연한 것인가 봅니다. 아이가 어떤 행동을 하든 눈에 넣어도 아프지 않을 금쪽같은 내 자식을 예쁘게만 보고 무조건 잘해 주려고만 하면 오히려 아이를 망칠 수 있습니다. 연애할 때는 사랑하는 이의 예쁜 눈만 보이고 못생긴 코는 보이지 않더니, 결혼하고 세월이 지나니 예쁜 눈은 보이지 않고 못생긴 코만 보이더라는 우스개 이야기도 있지요.

사랑한다고 모든 것은 덮어 주고 눈감아 준다면 그것은 옳은 사랑이 아닙니다. 반면에 누군가를 미워하면서 그 사람의 좋은 점을 받아들이고 인정해 주는 것도 쉽지 않은 일입니다. 하지만 그렇게 할 수 있다면 우리는 예수님의 계명을 잘 지키는 사람이라고 할 수 있겠지요. 예수님의 마음을 많이 닮은 사람이라고 불리겠지요.

"사실 여러분을 사랑하는 사람들만 사랑한다면 여러분이 무슨 보수를 받겠습니까? 세리들도 그만큼은 하지 않습니까? … 그러니 여러분의 하늘의 아버지께서 완전하신 것같이 여러분도 완전해야 합니다"(마태 5,46.48).

예수님의 마음을 닮으려고 노력해야겠습니다. 그 마음은 바로 사랑의 마음입니다. 맹목적인 사랑이 아니라, 사랑하는 이의 단점도 제대로 보고 고쳐 줄 수 있는 사랑, 미워하는 사람의 좋은 점도 인정하고 받아들이려고 노력하는 사랑입니다. '노 키즈'가 아니라 '웰컴 키즈'Welcome Kids라고 써 붙인 가게도 많아지고 있다고 합니다. 사실 아이들의 웃음소리와 뛰노는 모습이 사라진다면 그 나라에 미래와 희망은 없을 것입니다. 우리 모두가 부모 된 마음으로 아이들을 봐 준다면, 그리고 부모들이 자기 아이를 사랑하면서도 올바르게 키운다면, 우리가 예수님의 마음을 닮아 간다면 이 세상은 한결 살 만한 곳이 될 것입니다. 예수님의 마음은 사랑입니다.

---

1 『대학』 전傳 8. "好而知其惡, 惡而知其美, 天下鮮矣. 故諺有之曰, 人莫知其子之惡."

먼저 큰 것을 세워야 …

몇 년 전 겨울밤이었습니다. 한밤중에 전화를 받고 급히 대학병원 중환자실로 향했습니다. 잘 아는 분의 어머니께서 뇌출혈로 쓰러졌는데 위독하시다는 것입니다. 병자성사 준비를 해서 중환자실에 도착했습니다. 한밤중의 중환자실은 조용했고, 십여 명의 환자들이 병마와 힘겨운 싸움을 하고 있었습니다. 지인의 어머니는 이미 의식이 없었고, 출혈이 계속되고 있어서 달리 손쓸 방도가 없다고 했습니다. 가족들은 임종을 맞을 준비를 하고 있었습니다. 조용히 병자성사를 드리고 가족들을 위로하고 병원을 나왔습니다. 중환자실의 무거운 공기가 가슴을 답답하게 눌러 찬바람을 쐬며 걷고 싶었습니다. 도로 하나 건너서 골목으로 접어드니 거기에는 또 다른 세계가 펼쳐져 있었습니다. 식당과 술집이 불야성을 이루고 있는 것입니다. 요즘 '핫한' 장소로 유명한 그 길에는 젊은이들이 왁자지껄 서로 어울려 술을 마시며 이야기를 나누고 있었습니다. 연인들이 서로 이야기꽃을 피우고, 직장에서 받은 스트레스 때문에 고민하고, 미래에 대한 꿈을 꾸고, 동아리 모임으로 친교를 나누고 있겠지요. 길 건너 병원에서는 이 순간 마지막 숨을 내 쉬며 이승에서의 삶을 마무리하는 사람들이 있지만, 여기 젊은이들에게는 죽음이라는 것이 아직 자신과는 상관없는 먼 이야기라고 여겨지겠지요.

'아, 산다는 게 여기서 저기까지구나!'라는 생각이 들었습니다. 한바탕 꿈처럼 지나고 나면 아무것도 아닌 것처럼 느껴지는 우리네 짧은 인생입니다. 하지만 우리는 살면서 너무 많은 것을 욕망하고, 너무 많은 것에 마음을 빼앗기며 사는 건 아닌지 모르겠습니다. 중요한 것은 놓친 채 말이죠. 맹자가 이야기했습니다.

"먼저 큰 것을 세워야 한다. 그러면 작은 것이 빼앗길 수 없을 것이다. 이런 이가 대인일 따름이다."[1]

'큰 것'은 무엇일까요? 우리 인생에서 가장 중요하고 소중한 가치일 것입니다. 그 큰 것이 무엇인지 깨닫고, 그것을 바로 세우기 위해 노력하며 살아야 할 것입니다. 반면에 '작은 것'이란 우리 욕망이 불러일으키는 숱한 유혹과 쾌락일 것입니다. 남을 밟고 올라서려는 욕망, 나의 이익만을 챙기려는 욕심, 돈과 명예를 좇아서 인생을 허비하고 쾌락에 탐닉하는 것들은 모두 작은 것입니다. 작은 것들에 마음을 빼앗겨 큰 것을 놓치고 살아가는 어리석음을 범해서는 안 되겠지요. 그 작은 것이 우리의 삶을 망치고, 진정 중요하고 큰 것을 빼앗아 갈 수도 있으니까요.

내가 세워야 할 인생에서 가장 큰 것, 가장 중요한 것, 가장 가치 있는 것은 무엇인지요? 사실 우리는 그 답을 명확하게 알고 있습니다. 예수님께서 직접 가르쳐 주신 '사랑'입니다. 지금 나의 삶은 이 '큰 것'(사랑)에 얼마나 가까이 다가가 있는지 돌아봅시다.

> "네 온 마음으로, 네 온 영혼으로, 네 온 정신으로 너의 하느님이신 주님을 사랑하라.' 이것이 가장 크고 첫째가는 계명입니다. 둘째도 이와 비슷합니다. '네 이웃을 네 자신처럼 사랑하라.' 모든 율법과 예언자들의 정신이 이 두 계명에 달려 있습니다"(마태 22,37-39).
>
> "내게 사랑이 없다면 나는 아무것도 아닙니다"(1코린 13,2).

---

1 『맹자』「고자」告子 上 15. "先立乎其大者, 則其小者不能奪也. 此爲大人而已矣."

불안은 영혼을 잠식한다

"불안은 영혼을 잠식한다"라는 말이 있습니다. 1997년 독일에서 개봉한 영화의 제목이기도 한데, 영화 안에서 소개되는 아랍 속담이라고 합니다. 동명의 노래를 김윤아라는 가수가 불러 우리에게 익숙한 말이기도 합니다. 세계적으로 유행하는 전염병은 역사적으로 많은 비극을 낳았습니다. 14세기에 발병한 페스트(흑사병)는 유럽 인구의 30퍼센트 정도를 죽음으로 몰고 갔습니다. 천연두나 콜레라 같은 병도 수많은 사람의 목숨을 앗아 갔고, 치료법이 개발된 것은 현대에 이르러서였습니다. 눈에 보이지 않는 바이러스에 의한 감염병은 인류에게 말 그대로 공포였고 하늘이 내리는 벌이라고 여겨졌습니다.

코로나19 팬데믹 기간 동안 전 세계가 불안에 떨었습니다. 팬데믹 기간 동안 우리를 더욱 슬프게 했던 것은 주변에 있는 사람들을 믿지 못하고 다가오는 사람을 두려워했다는 사실입니다. '저 사람은 확진자가 아닐까?', '혹시 잠복기여서 겉으로 드러나지는 않지만 나에게 바이러스를 옮기는 건 아닐까?' 이런 생각들은 사람이 사람을 믿지 못하게 합니다. 불안이 서서히 영혼을 잠식하여 올바른 판단을 하지 못하게 만드는 것이지요. 눈에 보이지 않는 바이러스가 숙주인 사람을 옮겨 다니며 병을 퍼뜨리기에 주변 사람의 존재 자체가 공포가 되고 피해야 할 대상이 되어버렸습니다. 사람이 사람을 믿지 못하게 되는 상황이 더 서글퍼집니다. 『논어』에 이런 말이 있습니다.

공자께서 말씀하셨다. "사람으로서 믿음이 없으면, 그것이 괜찮을지 모르겠다(사람 노릇을 하지 못할 것이다). 큰 수레에 예輗가 없고 작은 수레에 월軏이 없다면, 무엇으로 그 수레를 가게 하겠는가?"[1]

사람으로 살아가면서 사람 사이에 믿음이 없다면 그 사회는 제대로 돌아가지 못할 것이라는 말씀입니다. 사람과 사람 사이에 '믿음'(信)이라는 연결 고리가 있어야 올바른 관계를 맺게 되고, 비로소 사회가 형성될 것입니다. 예輗와 월軏이라는 것은 소와 수레를 연결하는 멍에 같은 것입니다. 큰 수레의 예와 작은 수레의 월이 있어야 소와 수레를 연결할 수 있듯이, 사람과 사람 사이에는 '믿음'(信)이라는 연결 고리가 있어야 한다는 것입니다. 인간은 사회를 이루어 관계를 맺으며 살아가야 하는 존재입니다. 그런데 서로 믿을 수 없어 주변 사람들을 불안의 눈길로 본다면 그 사회는 큰 혼란에 빠지고 결국 우리 삶은 불행해질 수밖에 없을 것입니다.

그리스도교의 핵심 교리는 예수께서 죽음을 이기고 부활하셨다는 것입니다. 예수님의 부활 사건은 절망을 딛고 희망으로, 죽음의 세력을 이기고 부활의 기쁨을 누릴 것이라는 복음입니다. 예수님의 부활 사건이 그분을 믿고 따르는 우리에게도 이루어질 것이라 희망합니다. 부활은 우리의 희망입니다. 베드로 사도께서 말씀하십니다.

> "하느님은 당신의 크신 자비로 우리를 새로 나게 하셨습니다. 그것은 죽은 이들 가운데서 살아나신 예수 그리스도의 부활을 통해서 우리에게 생생한 희망을 갖게 하려는 것입니다"(1베드 1,3).

이 희망은 믿음을 전제로 합니다. 내가 무언가에 희망을 둘 수 있으려면 그 희망이 이루어지리라는 것을 전적으로 믿어야만 가능하기 때문입니다. 하느님을 믿기에 그분을 희망할 수 있으며, 사람들을 믿기에 사람에게 희망을 둘 수 있습니다. 눈에 보이지 않는 것들이 우리를 불안하게 하고 주변 사람들을 믿지 못하게 하면 할수록 우리는 사람에 대한 믿음을 잃지 말고, 하느님을 향한 희망을 가져야 합니다. 불안이 내 영혼을 잠식하지 못하게 해야 할 것입니다. 봄이 오고 꽃이 피듯이, 죽음을 이기고 부활은 반드시 옵니다.

"희망 속에 기뻐하고 환난 중에 인내하며 기도에 항구하시오" (로마 12,12).

---

1 『논어』「위정」爲政 22. "子曰, 人而無信, 不知其可也. 大車無輗, 小車無軏, 其何以行之哉?"

온고지신

얼마 전부터 박경리 선생님의 소설 『토지』를 읽기 시작했습니다. 워낙 방대한 분량이라 읽을 엄두를 내지 못했는데, 그러다 영 읽지 못할 거 같아 매일 조금씩이라도 읽기로 했습니다. 역시 대가의 글은 흡인력이 있었습니다. 아직 초반이라 이야기가 어떻게 전개되는지 보다 백여 년 전 당시 서민들의 삶에 대한 묘사가 제게는 더 크게 와닿았습니다. 먹고살기조차 팍팍했던 삶, 반상 제도가 사라졌다고는 하지만 아직도 남아 있는 머슴살이의 설움과 양반의 횡포, 그 안에서도 가난한 사람들끼리 서로를 보듬어 주는 정이 마음을 따스하게 해 주는 것을 느낍니다. 그 시절, 서민들의 삶은 어찌 그리 가난하고 힘겨웠는지요. 대구대교구 백주년을 기념해 낸 사진집 『너도 가서 그렇게 하여라』나 성 베네딕도회 왜관수도원의 역사를 담은 『분도통사』에 나온 사진을 봐도,

당시 서민들의 가난한 삶을 볼 수 있습니다. 오늘날 한국의 발전된 모습을 보면 불과 몇십 년 전의 모습이라는 것이 믿기지 않을 정도입니다. 하긴 꼭 그런 자료를 봐야만 알 수 있는 것도 아닙니다. 제 어린 시절만 떠올려 봐도 지금에 비하면 정말 가난한 삶이었으니까요.

우리는 참 많이 부유해졌고, 우리 삶은 참 많이 편리해졌습니다. 하지만 부유해졌다고 행복하기만 한 것은 아니고 가난하다고 불행하기만 한 것은 아니어서, 어쩌면 인생은 공평한 것인지도 모르겠습니다. 현대 사회의 물질적 풍요는 많은 부작용을 낳았습니다. 경제 발전을 위해서 개인은 희생되었고, 공동체성을 강조하는 사회에 대한 반발로 개인주의가 팽배해졌습니다. 하지만 지독한 개인주의는 또 다른 부작용을 낳았으니, 관계의 단절에서 오는 고립감과 외로움이 그것입니다. 현대 젊은이들은 딜레마에 빠졌습니다. 직접 사람을 대면하는 것은 불편하고 싫은데, 그렇다고 혼자인 외로움은 견디기 힘든 겁니다. 과거 가난했던 시절 이웃과 나누는 소소한 정이 온갖 역경을 이겨 낼 힘을 주었다는 것을 떠올리면, 오늘날 우리가 놓치고 있는 것이 무엇인지 조금은 알 수 있지 않을까요?

공자께서 말씀하셨다. "옛것을 익혀서 새것을 알면, 스승이 될 수 있다."[1]

"온고지신"溫故知新이라는 말은 우리에게 익숙하지요. 여기서 '온'溫이라는 글자는 갑골문에서 보면, 사람이 큰 목욕통에 들어가 앉아 있는 모습입니다. 그 주변으로 수증기(氵)가 피어오르고 있습니다. 그래서 '따뜻하다', '데우다'라는 뜻이 있고, 더 나아가 '익히다', '구하다', '학습하다'라는 뜻이 나왔습니다. 음식을 따뜻하게 데워 익힌다(熅)는 뜻으로도 같이 쓰였습니다. 그러니 '온고지신'이란 말은, 옛날의 것을 제대로 배워 익혀서 그 뜻을 바로 깨달아 새로운 것을 알아 나간다는 뜻으로 볼 수 있겠지요. 우리의 과거를 제대로 돌아보고 거기서 깨달은 것을 나에게 맞게 익혀 나간다면, 새로운 세상이 오고 새로운 상황이 전개되더라도 당황하지 않고 잘 대처해 나갈 수 있을 것입니다. 세상은 따라가기 힘들 정도로 빠르게 변하고 있지만, 정작 중요한 답은 이미 우리가 가지고 있는지도 모릅니다. 우리의 역사를 되짚어 보고, 우리가 살아온 삶을 돌아본다면 새로운 세상의 변화에도 잘 맞춰 나갈 수 있겠지요.

---

1 『논어』「위정」爲政 11. "子曰, 溫故而知新, 可以爲師矣."

학의 다리가 길다고
자르지 마라

그리스 신화를 읽다 보면 오늘날 우리 삶에도 그대로 적용되는 것들이 많아 신기하다는 생각이 듭니다. 시대가 바뀌고 문명이 발전해도 세상을 살아가는 사람들의 태도에는 별 차이가 없나 봅니다. 신화의 형식으로 표현한 인류의 삶의 지혜가 수천 년의 시간을 뛰어넘어 오늘날 우리에게도 전해집니다.

그리스 신화에 프로크루스테스라는 포악한 강도가 있습니다. 그는 아테네 근처 강가에 여인숙을 차려 놓고 손님이 오면 극진히 대접하며 잠자리를 제공합니다. 그는 모든 이에게 맞는 침대가 있다며 손님을 쇠 침대에 눕힌 다음, 침대보다 키가 크면 침대 크기에 맞게 다리를 잘라내고, 작으면 몸을 잡아 늘여서 죽였습니다. 정말 포악하기 이를 데 없는 강도지요. 이후로 자신의 원칙이나 기준을 막무가내로 고집하면서 다른 사람의 생각을 억지로 자신에게 맞추려는 태도를 '프로크루스테스의 침대'라고 표현합니다.

신화에나 나오는 이런 포악한 괴물의 모습이 사실 우리 안에도 있습니다. 신의 존재를 믿지 않고 절대적인 윤리 기준도 인정하지 않는 많은 현대인은 '자기 자신'을 유일한 잣대로 여깁니다. 다른 이들의 생각이나 의견을 받아들이려 하지 않고 자신이 생각하는 원칙만을 강조하며 다른 사람을 재단하려는 경우가 많습니다. 이러한 자기중심적인 생각이 타인과의 관계에서 얼마나 위험한지는 동서고금을 막론하고 모두 공감하는 것 같습니다. 『장자』에도 이런 구절이 있습니다.

"긴 것을 여분이라 여기지 않으며, 짧은 것을 부족하다고 여기지 않는다. 이런 까닭으로, 오리 다리가 짧다고 그것을 길게 늘여 준다면 괴로워하고, 학의 다리가 길다고 그것을 자른다면 비통해할 것이다."[1]

결국 판단은 내가 하는 것이지만, 그 판단이 공정하고 올바른 판단이 되기 위해서는 끊임없는 노력이 필요합니다. 나의 잣대는 무엇인가? 나와 우리에게 적용할 때는 고무줄처럼 늘어나지만 타인에게는 엄정하게 적용한다면 그 잣대는 올바르지 않을 것입니다. 쉽게 판단하고 혼자 상상해서 내 생각을 덧붙여 남들에게 전한다면 나는 프로크루스테스와 다르지 않은 괴물이 될 것입니다. 하느님의 정의와 사랑을 판단 기준으로 삼고, 성찰과 반성으로 끊임없이 자신을 돌아보고, 타인의 의견에 귀 기울여야 할 것입니다.

2022년 세계주교시노드에서 프란치스코 교황께서는 이렇게 권고하셨습니다. "서로가 서로에게 귀를 기울입시다. 그리고 모든 이가 성령께 귀를 기울입시다." 시노드의 첫 번째 정신이 바로 '경청'입니다. 경청은 아무 생각 없이 남의 소리를 듣기만 하는 것이 아닙니다. 상대의 말에 귀 기울이고 깊이 공감하려 노력하는 자세가 필요합니다. 그렇다고 해서 주체적인 나의 기준이 없는 것은 아닙니다. 그 기준은 나만의 아집이나 편견이 아니라, 주님이 가르쳐 주신 '사랑'이어야 할 것입니다.

> "형제의 사랑으로 서로 다정하게 지내고, 서로 남을 존경하는 데 앞장서시오"(로마 12,10).

---

1 『장자』「변무」騈拇 3. "長者不爲有餘, 短者不爲不足. 是故鳧脛雖短, 續之則憂. 鶴脛雖長, 斷之則悲."

바다가 좋아요,
산이 좋아요?

'짜장면이냐 짬뽕이냐?', '탕수육을 먹을 때 부먹(소스를 부어 먹는 방법)이냐 찍먹(소스에 찍어 먹는 방법)이냐?' 우스갯소리 같지만 이런 질문은 사람들 사이에서 논쟁을 불러일으키며 파가 나뉩니다. 비슷한 것으로는 '바다를 좋아하느냐, 산을 좋아하느냐?'라는 질문이 있지요. 여러분은 산을 좋아하세요, 아니면 바다를 더 좋아하세요? 2022년 칸 영화제 감독상을 수상한 박찬욱 감독의 영화 「헤어질 결심」에서 여주인공 송서래(탕웨이 분)가 『논어』를 인용하면서 하는 대사가 있습니다. "공자님 말씀에, '지혜로운 자는 물을 좋아하고, 인자한 자는 산을 좋아한다'고 했습니다. 나는 인자한 사람이 아닙니다. 난 바다가 좋아요."

"지자요수知者樂水, 인자요산仁者樂山." 많이 들어본 말이지요. 중국 철학에서 전통적으로 물(水)은 지혜를 상징합니다. 그래

서 지혜로운 자는 물을 즐긴다고 생각했습니다.『한시외전』韓詩
外傳에 이런 설명이 나옵니다.

> "대저 물이란, 물길을 따라 흘러가되 조그마한 틈도 남기지 않
> 음이 마치 지혜로운 자와 같다. 천지는 물로 이루어지고, 만물
> 은 물로 살아가고, 국가는 물로 편안하고, 만사는 물로 공평
> 해지고, 사물은 물로 바르게 되니, 이것이 지혜로운 자가 물을
> 즐기는 까닭이다." 그러면 인仁한 자는 어째서 산을 즐기는가?
> "대저 산이란 만민이 우러러보는 바이다. 초목이 여기에 살고,
> 만물이 여기에 심기고, 나는 새가 여기에 모이고, 달리는 짐승
> 이 여기에서 쉬고, 사방이 모두 유익함을 여기서 취한다. 구름
> 을 내고 바람을 인도하며 천지 사이에 우뚝 솟아 천지는 산으
> 로 이루어지고, 국가는 산으로 편안하니, 이것이 인仁한 자가
> 산을 즐기는 까닭이다."[2]

유가 철학에서 인仁은 도덕적 최고 경지를 말합니다. 인仁은 사덕
(仁義禮智)의 한 요소이지만, 모든 덕목을 아우릅니다. 인仁은 하
늘이 만물을 살리는 사랑이고, 인간이 하늘로부터 부여받은 최상
의 덕목입니다. 인仁은 최고의 덕목으로서 지혜로움을 포괄합니
다. 지혜는 세속적인 지식을 말하는 것이 아니라, 인仁을 제대로
분별해 알고 행할 수 있도록 도와주는 덕목입니다. 그러니 지혜로
운(知) 사람과 인仁한 사람이 별개로 구분되는 것이 아닙니다. 우

리의 신앙으로 이야기해 보면, 인仁은 우리를 향한 하느님의 사랑이며, 하느님의 모상대로 창조된 인간이 행하는 아가페적 사랑입니다.

그렇다면 산을 좋아하고 바다를 좋아하는 마음은 별개가 아니라 하나인 것 같습니다. 저는 바다를 보는 것도 좋아하고, 산을 오르는 것도 좋아합니다. 물론 그렇다고 해서 제가 지혜롭다거나 인仁한 사람이라는 말은 아닙니다. 다만 하느님을 알아 가고 하느님의 뜻을 이해하려 노력하는 지혜를 얻길 바랄 뿐입니다. 하느님을 사랑하고 이웃을 사랑하려는 노력이 지치지 않기를 바랍니다. 지혜(知)와 사랑(仁)이 나를 이루는 두 축이기를 바랄 뿐입니다.

날이 좋은 날에는 가까운 산에라도 오르면서(산을 오르기 힘들다면 멀리서 바라보면서), 하늘 아래 우뚝 서서 만물을 보듬고 살리는 산의 사랑(仁)을 생각해 보는 시간을 가지면 좋겠습니다. 산처럼 만물을 사랑으로 살리고 우리를 사랑으로 이끄시는 하느님의 사랑을 느껴 보면 좋겠습니다. 산 위에서 바다를 바라보며, 혹은 아래로 흘러가는 계곡물을 바라보며 하느님 사랑을 깨달을 수 있는 지혜를 청해 본다면 더 좋겠습니다.

1 『논어』「옹야」雍也 22. "子曰, 知者樂水, 仁者樂山."
2 정약용『논어고금주』2권, 91쪽 재인용.

누구와 '친교'를 나누나요?

대구대교구는 '복음의 기쁨을 함께 살아가는 공동체'라는 주제로 십 년간의 장기 사목 계획을 세우고, 2021년과 22년은 '말씀'을 중심으로, 2023년부터 이 년간은 '친교'의 가치를 깨닫고 활성화하는 데 역점을 두고 있습니다. '친교'親交란 친밀하게 사귄다는 뜻입니다. 그리스도교 신자들이 하느님과 친교를 나누고, 이웃과 친교를 나누며, 세상 모든 피조물과 친교를 나누는 삶을 통해 삼위일체이신 하느님의 친교에 참여할 수 있을 것입니다.

하지만 친한 사람들하고만 친교를 나눈다면 그게 무슨 의미가 있을까요? 친한 사람이란 나와 잘 맞고, 나에게 도움이 되고, 내가 만나고 싶은 사람들이겠지요. 그런 이들과 친교를 나누는 것은 건 당연한 일입니다. 그보다는 나와 친하지 않은 사람, 관심 없어 신경 쓰지도 않던 사람, 내게 해를 입혀 미운 사람, 소외된 이들, 가난한 이들과 친교를 나누는 것이 참된 친교가 아닐까요?

맹자는 "여민동락"與民同樂을 이야기했습니다.[1] 임금이 백성과 더불어 즐거움을 함께해야 한다는 말입니다. 그런다면 백성은 임금을 아버지처럼 여길 것입니다. 만약 임금이 백성과 친교를 나누지 않고, 자기 마음에 드는 측근들과 사냥이나 음주가무를 즐기면서 백성들의 고혈을 쥐어짠다면 백성들의 원성이 자자할 것입니다. 하지만 평소에 임금이 백성을 친자식처럼 여기며 즐거움을 나누었다면, 임금이 사냥이나 음주가무를 즐기더라도 '우리 임금께서 질병이 없는가 보다'라고 생각하며 흐뭇하게 여긴다는 것입니다. 그렇다면 임금은 백성과 어떻게 친교를 나누어야 할까요? 주나라를 건국한 문왕文王이 그 모범입니다.

> "늙어서 아내가 없는 것을 환鰥이라 하고, 늙어서 남편이 없는 것을 과寡라고 하며, 늙어서 자식이 없는 것을 독獨이라 하고, 어려서 부모가 없는 것을 고孤라고 합니다. 이 넷은 세상에서 제일 가련한 사람으로 하소연할 곳이 없는 이들입니다. 문왕이 정치를 펴서 인仁을 베풀 때 반드시 이 네 부류의 사람을 먼저 배려했습니다."[2]

우리가 살아가야 할 친교의 삶도 이와 같습니다. 나와 잘 맞는 사람, 친하게 지내는 이웃, 사귀면 내게 도움이 될 것 같은 사람과 나누는 친교도 물론 중요합니다. 하지만 거기에 그쳐서는 안 되겠지요. 눈을 돌려 세상을 바라보아야 합니다. 나와 친교를 나누고 싶어 하는 사람이 나의 관심을 바라고 내가 내미는 손길을 기다리고 있을지 모릅니다.

첫 번째로 나와 친교를 나누고 싶어 하시는 분은 주님이십니다. 하느님은 성부, 성자, 성령의 삼위일체로서 사랑의 친교를 나누시는 존재입니다. 그 친교의 신비에 우리도 동참해야 하겠지요. 우리의 신앙은 궁극적으로 하느님의 사랑에 나를 온전히 맡기는 것입니다. 두 번째, 우리 주변의 소외된 이들, 어려움에 처한 이들, 나의 관심이 필요한 이웃들과 나누는 친교가 필요합니다. 물론 그러기 위해서는 지금 내 주변에 있는 친한 사람들과의 친교가 전제되어야 하겠지요. 마지막으로, 나를 둘러싼 하느님께서 창조하신 세상 모든 피조물과의 친교도 중요합니다. 내가 쓰기만 하고 아껴 주지 않았던 자연환경, 동물, 나무와 꽃 등 모든 피조물을 아끼고 보호하며 친교를 나누어야 하겠습니다. 우리가 나누어야 할 친교의 참된 의미에 대해서 다시 한 번 생각해 봅시다.

"여러분의 형제들에게만 인사한다면 여러분이 무엇을 더 낫게 한단 말입니까? 이방인들도 그만큼은 하지 않습니까?"(마태 5,47).

1 『맹자』「양혜왕」梁惠王 下 1 참조.
2 같은 책 5. "老而無妻曰鰥, 老而無夫曰寡, 老而無子曰獨, 幼而無父曰孤. 此四者, 天下之窮民而無告者. 文王發政施仁, 必先斯四者."

지란지교를 꿈꾸며

'친구'라는 말은 참 따스한 느낌을 줍니다. 친구가 있기에 이 세상은 좀 더 살맛 나는 게 아닐까 하는 생각이 듭니다. 평소에 친구들과 어울려 즐거운 시간을 보낼 때가 많지만, 막상 힘든 일을 겪거나 외롭고 허전할 때 편하게 만날 수 있는 친구는 그리 많지 않습니다. 휴대전화의 연락처에 수많은 사람의 전화번호가 있지만 언제든 마음 편하게 연락할 친구가 쉽게 떠오르지 않습니다.

> "저녁을 먹고 나면 허물없이 찾아가 차 한 잔을 마시고 싶다고 말할 수 있는 친구가 있었으면 좋겠다. … 사람이 자기 아내나 남편, 형제나 제 자식하고만 사랑을 나눈다면 어찌 행복해질 수 있으랴. 영원이 없을수록 영원을 꿈꾸도록 서로 돕는 진실한 친구가 필요하리라. …"

시인 유안진의 『지란지교를 꿈꾸며』라는 에세이에 나오는 부분입니다. 고등학생 때 라디오에서 자주 읽어 주던 글입니다. 세상은 빠르게 발전하고 우리의 삶은 과거보다 훨씬 더 편리하고 화려해졌지만, 현대인은 더 고독하고 우울합니다. 인간관계는 훨씬 복잡해졌지만, 깊은 우정을 나눌 수 있는 친구는 드뭅니다. 「지란지교를 꿈꾸며」라는 이 글은 감수성 풍부한 사춘기 시절, 우리에게 친구와의 우정이 얼마나 중요한지 일깨워 주었습니다. "지란지교"芝蘭之交란 난초같이 향기로운 친구 간의 사귐을 뜻하는 말로, 『명심보감』에서 공자가 이야기한 표현입니다.

> "착한 사람과 지내는 것은 지초와 난초가 있는 방에 있는 것과 같아서, 오래 있으면 그 냄새를 맡을 수 없지만 곧 그 향기와 동화된다. 반면에 착하지 않은 사람과 지내는 것은 생선 가게에 들어간 것과 같아서 오래 있으면 그 비린내를 맡을 수 없지만 몸에 그 냄새가 배어 버린다."[1]

신학원에서 『명심보감』 강의를 하다가 「교우편」交友篇을 함께 읽으며 옛 성현들의 가르침이 오늘날 우리의 삶에도 그대로 적용되는 것 같아 여러분께 소개해 드리고 싶었습니다. 『명심보감』에는 이런 대목도 있습니다.

> "얼굴을 아는 사람은 세상에 수두룩하지만, 마음을 알아주

는 사람이 몇이나 될까?"[2]

"술이나 음식을 함께할 때 형제 같은 사람은 천여 명이나 있지만, 급하고 어려울 때 도와줄 친구는 한 명도 없다."[3]

이런 글을 읽다 보면 '내 주위에는 왜 이런 좋은 친구가 없을까?, 내 친구는 난초 향을 풍기는 사람일까, 생선 비린내를 풍기는 사람일까?'라는 생각이 들곤 합니다. 그럴 때 관점을 바꿔 보는 건 어떨까요? '나는 어떤 친구일까? 지란지교 같은 선한 영향력을 끼치는 친구인가, 악취를 풍기는 사람인가?' 친구를 판단하기 전에 내가 먼저 멋진 친구가 되어 준다면 나는 지란지교와 같은 우정을 나눌 수 있을 것입니다. 무더운 여름 날, 친구와 만나 술 한 잔 기울이며 이런저런 사는 이야기를 나누고 싶어집니다.

"제 좋을 때에만 친구가 되는 이가 있는데 그는 네 고난의 날에 함께 있어 주지 않으리라"(집회 6,8).

"누가 자기 친구들을 위해서 목숨을 내놓는 것, 그보다 더 큰 사랑은 아무도 지니지 못합니다. 내가 여러분에게 명하는 것을 행하면 여러분은 나의 친구들입니다"(요한 15,13-14).

---

1 『명심보감』「교우편」交友篇 1. "與善人居, 如入芝蘭之室, 久而不聞其香, 卽與之化矣. 與不善人居, 如入鮑魚之肆, 久而不聞其臭, 亦與之化矣."
2 같은 책 4. "相識滿天下, 知心能幾人."
3 같은 책 5. "酒食兄弟千個有, 急難之朋一個無."

달을 가리키는 손가락

고해성사를 하거나 면담을 하다 보면 사제에게 상처받아 오랫동안 성당을 나오지 않게 되었다는 이야기를 가끔 듣습니다. 수도자의 모습에서 실망하기도 하고, '신자가 어떻게 저럴 수 있나?' 하는 생각이 들 정도로 교우끼리 상처를 주고받기도 합니다. 교회의 실망스러운 모습에 상처받고 힘들어하기도 하지요. 그래서 아예 신앙생활을 포기하는 경우도 있습니다. 그런 이야기를 들을 때마다 안타까운 마음이 듭니다. 그래도 우리가 믿는 건 하느님이시니 하느님께 대한 마음마저 저버리지 말라고 조언을 해 드리지요. 사제나 수도자나 천주교 신자들도 모두 인간이니 잘못을 범할 수도 있고 인간적인 약점을 드러낼 수도 있으니까요. 하지만 그 때문에 우리 신앙의 근본인 하느님마저 외면한다면 너무 슬픈 일일 것입니다. 불경에 이런 이야기가 나옵니다.

"어떤 사람이 손가락으로 달을 가리켜 다른 사람에게 보인다면, 그 사람은 당연히 손가락을 따라 달을 보아야 한다. 그런데 만일 손가락을 보고 달 자체로 여긴다면, 그 사람은 어찌 달만 잃었겠는가, 손가락도 잃은 것이다. 왜냐하면 가리킨 손가락을 밝은 달로 여겼기 때문이다."[1]

"견지망월"見指忘月, 손가락을 보느라 달을 잊어버렸다는 말입니다. 손가락은 달을 가리키는 도구일 뿐입니다. 달을 가리켜 사람들이 달을 바라볼 수 있도록 해 주는 것이 손가락이 할 일이지요. 하지만 사람들은 달을 쳐다보지 않고 가리키는 손가락에 집착할 때가 많습니다. 손가락이 굽었다느니, 손톱에 때가 끼었다느니, 손톱을 너무 화려하게 꾸몄다느니, 그러면서 정작 손가락이 가리키는 달은 보지 못하지요. 불경의 원래 뜻과는 차이가 좀 있겠지만 이 이야기를 예로 들어 사람들에게 말해 주곤 합니다. 사제든 수도자든, 신자 공동체를 이루는 교회나 우리가 참여하는 전례, 봉사활동까지도 궁극적으로는 우리를 하느님께로 이끌어 주는 것들입니다. 우리의 궁극적인 목적을 이루기 위한 도구일 뿐이지요. 그 궁극적인 목적이란, 우리가 진정으로 하느님을 만나고 그분의 사랑 안에 머물며 하느님과 하나 되는 것, 바로 우리의 구원입니다. 하지만 우리도 사람인지라, 사람에게 집착하고 눈에 보이는 현상만 좇다가 실망하기도 합니다. 달은 바라보지 않고 달을 가리키는 손가락만 바라보다 실망하는 격이지요.

"그들이 여러분에게 말하는 것은 모두 행하고 지키시오. 그러나 그들의 행실을 따라 행하지는 마시오. 사실 그들은 말만 하고 행하지는 않습니다"(마태 23,3).

예수님께서 당시 종교 지도자들인 율법학자들과 바리사이들을 꾸짖으며 하시는 말씀을 접할 때마다 사제로 살아가는 저를 꾸짖는 말씀 같아 자신을 돌아보게 됩니다. 그러면서 저의 나약한 모습 때문에 사람들이 하느님을 만나는 데 방해가 되지 않기를 바랍니다.

우리도 하느님을 바라보도록 노력합시다. 눈에 보이지 않는 하느님을 보는 것이 어려우니 사제, 수도자, 주위 이웃들이 있는 것입니다. 하지만 그들에게 집착하고 그들 때문에 눈이 가려서는 안 될 것입니다. '손가락을 보느라 달을 잊어버리는 것'(見指忘月)이 아니라, '달을 보면 자연히 달을 가리키는 손가락을 잊어버려야'(見月忘指) 할 것입니다.

---

1 『능엄경』楞嚴經 제2권. "如人以手指月示人. 彼人因指當應看月. 若復觀指以爲月體, 此人豈唯亡失月輪, 亦亡其指. 何以故, 以所標指爲明月故."

5장

무위無爲하면
하지 못하는 것이 없게 된다

『노자』 48

점심,
마음에 점 하나 찍기

성탄이 다가오면 여러 매체를 통해 가톨릭 수도생활에 관한 영상이나 기사를 접하곤 합니다. 그중 최근에 본 두 이야기가 기억에 남습니다. 하나는 KBS에서 방영한 「세상 끝의 집」이란 프로그램으로, 상주에 진출한 카르투시오 봉쇄수도원의 수사님들 이야기입니다. 또 하나는 「가톨릭평화신문」에 소개된 한국에 진출한 까말돌리 수도원의 수녀님들 이야기입니다. 둘 다 봉쇄수도원이라는 공통점이 있네요. 카르투시오회 수사님들은 엄격한 침묵 속에서 기도와 노동 생활을 하며 극도의 청빈한 삶을 살고 있었습니다. 하루 한 번 식사를 만들어 먹는데, 금요일은 밥과 물만 먹는다고 합니다. 까말돌리회 수녀님들도 엄격한 채식에 저녁 식사는 하지 않으며 저녁 7시 30분에 취침하고 자정에 일어납니다. 이분들의 삶을 아주 조금 엿보면서 이런 생각을 해 봤습니다. '이

분들의 청빈하고 절제된 삶은 끝없는 욕망을 추구하며 살아가는 현대 사회에 대한 보속補贖이 아닐까!'

오늘날에는 '먹방'이 모든 미디어를 장악하고, 맛집을 찾아다니며 맛있는 음식을 먹는 것이 삶의 큰 행복이 되어 버렸습니다. 사람들은 더 가지고, 더 높아지고, 더 채우려고만 합니다. 이런 세상에 가장 가난하고, 가장 낮고, 가장 연약한 아기의 모습으로 오신 구세주의 성탄을 보내면서 나의 삶은 어떠한지 돌아봅니다. 구세주의 오심을 알아보고 맞이한 이들도 이처럼 가난하고 낮은 사람들이었습니다.

두 수도원의 삶을 보면서 불가佛家의 한 이야기가 떠올랐습니다. '점심'點心입니다. 아침과 저녁 사이에 먹는 점심이라는 말은 원래 불가 선승들이 수도를 하다가 시장기가 돌 때 '마음에 점 하나 찍듯' 먹는 간단한 음식이라는 뜻이었습니다. 우리나라 사람들도 하루 세 끼 식사를 하게 된 것이 그리 오래되지 않았습니다. 조선 시대에도 아침, 저녁 하루 두 끼를 먹는 게 일상이었지요. 점심點心에 얽힌 재미있는 이야기가 있습니다.

당나라에 덕산 선감이라는 유명한 스님이 있었습니다. 그분은 금강경에 능통해『금강경청룡소초』라는 유명한 주석서를 쓰기도 했습니다. 그런데 남방에서 선종禪宗이라는 새로운 교풍이 생겨 책은 읽지 않고 견성성불見性成佛을 주장한다는 이야기를 듣고는 자신의 책을 짊어지고 남쪽의 유명하다는 선종 스님을 찾아가 담판을 짓기로 했습니다. 절에 거의 도착할 무렵 배가 너무 고팠습니다. 마침 길가에서 떡을 파는 할머니를 만나 점심으로 떡 한 조각만 달라고 청했습니다. 그러자 할머니는 스님 등에 짊어진 게 무엇인지 물었고, 덕산 스님은 뿌듯하게 여기며 금강경을 주석한 책이라고 대답했습니다. 그러자 할머니가 질문을 하나 할 테니, 질문에 답을 하면 떡을 주겠다고 했지요.

> "금강경에 보면, '과거의 마음도 얻을 수 없고, 현재의 마음도 얻을 수 없으며, 미래의 마음도 얻을 수 없다'고 했는데, 그래, 스님은 지금 어느 마음(心)에 점點을 찍으려고 하시오?"[1]

점심點心이라는 말이 '마음에 점을 찍다'라는 말이니, 점심을 달라는 스님의 말을 받아 마음의 본질을 물은 것입니다. 할머니의 내공이 보통이 아니지요. 덕산 스님은 아무 대답도 할 수 없었습니다. "그러면 나도 점심으로 떡을 줄 수가 없소." 결국 스님은 점심을 얻어먹지 못하고 길을 떠나야만 했습니다.

오늘날의 점심은 마음에 점 하나 찍듯 간단히 먹는 식사가 아닙니다. 점 하나가 아니라 배가 터질 만큼 많이 먹고, 맛있는 것을 찾아서 먹습니다. 욕망이라는 것은 채우려고 하면 할수록 커지는 요술 주머니 같습니다. 반면에 절제節制를 통해 나의 마음을 들여다보고 욕망을 조절해 나갈 수만 있다면, 나는 욕망의 노예가 아니라 내 몸, 내 마음의 온전한 주인이 될 수 있을 것입니다.

마음이 욕망에 끌려가도록 내버려 두지 말고, 마음에 점 하나 찍으면서 잘 다스려 마음의 주인이 되어야겠습니다. 욕망을 이길 수 있는 힘은 바로 절제에 있습니다. 나의 욕망은 낮추고 줄여, 그 힘으로 가난하고 어려움에 처한 이들을 돌볼 수 있어야 하겠습니다.

"선한 사람은 마음의 선한 곳간에서 선한 것을 내놓고 악한 사람은 악한 곳간에서 악한 것을 내놓습니다. 사실 마음에 그득한 것을 제 입으로 말하는 법입니다"(루카 6,45).

---

1 존 C. H. 우『선학의 황금시대』(도서출판 천지 1997) 217쪽. "金剛經道, '過去心不可得, 現在心不可得, 未來心不可得.' 未審上座點那個心?"

무화과를 먹으며

식당에서 후식으로 무화과가 나왔습니다. 예전엔 주로 말린 무화과를 먹을 수 있었는데 요즘은 우리나라에서도 많이 재배해 신선한 무화과를 맛볼 수 있습니다. 8월부터 10월까지가 제철이지요. 무화과는 쉽게 무르기 때문에 이삼일 내에 먹어야 합니다. 그래서 잼을 만들거나 말려서 보관합니다. 성경에도 무화과 이야기가 많이 나오지요. 창세기에도 등장하니(3,7) 정말 오래된 과일이라는 것을 알 수 있습니다. 예수님께서도 자주 언급하셨기에 무화과는 우리 그리스도인에게 더욱 친숙한 것 같습니다.

겉은 못생겼고 맛도 없어 보이는데, 잘라 보면 속이 빨갛고 화려합니다. 무화과無花果라는 이름은 '꽃이 없는 과일'이라는 뜻인데, 꽃도 없이 어떻게 열매가 맺힐 수 있을까요? 사실 우리가 먹는 무화과는 열매가 아니라 꽃입니다. 무화과는 꽃이 필 때 꽃

받침과 꽃자루가 길쭉한 주머니처럼 비대해지면서 수많은 작은 꽃들이 주머니 속으로 말려 들어가 겉으로 보이지 않는 것이지요. 그러니까 우리가 먹는 무화과 열매의 푸른 껍질은 꽃 받침대이고, 그 속의 붉은 열매는 수많은 꽃인 것입니다. 겉으로 보기에는 꽃도 없이 어느 날 열매만 익기 때문에 '꽃 없는 과일'이라는 이름이 붙은 것입니다. 무화과만 봐도, 겉으로 보이는 게 다가 아니라는 것을 알 수 있습니다.

무화과 같은 사람이 있습니다. 무화과처럼 겉은 화려하지 않지만 속이 알차 아름다운 사람이 있습니다. 자기주장만 내세우기보다 타인의 목소리에 귀 기울이는 사람, 평생을 봉사하며 살면서도 드러내지 않고 겸손한 사람이 있지요. 앞다퉈 자기 목소리만 내려는 오늘날에 이런 사람들이 존재한다는 것만으로도 세상은 아름다워 보입니다. 노자는 도道를 추구하는 성인은 바로 이런 사람이라고 이야기합니다.

> "스스로 내보이지 않기에 밝으며, 스스로 옳다고 여기지 않기에 드러나며, 스스로 자랑하지 않기에 공이 있고, 스스로 뽐내지 않기에 오래간다."[1]

노자는 도道를 설명하면서 빈 그릇과 같다는 이야기를 자주 합니다. 도 자체가 텅 빈 그릇과 같아 아무 작용도 없을 듯하지만, 오히려 비어 있기에 채우지 못할 것이 없고, 쓰려고 하면 그 작용도 끝이 없다고 합니다. 그러니 그런 도道를 따르고자 하는 인간도 스스로 자신의 그릇을 비워야 하겠지요. 자신이 똑똑하다고 생각하며 자신의 생각만을 강조하거나, 자신의 공을 뽐내고 싶어 하고 남 앞에 드러내는 것을 좋아한다면, 비록 겉으로 보기에는 그럴듯하지만 속은 온갖 욕망과 아집으로 가득 차 있을 것입니다.

"너희는 잔과 쟁반의 겉은 깨끗이 닦지만 그 속에는 착취와 무절제가 가득 차 있다. 눈먼 바리사이야, 먼저 잔 속을 깨끗이 닦아라. 그러면 그 겉도 깨끗해질 것이다"(마태 23,25-26).

우리는 하느님께서 만드신 보물을 품고 있는 질그릇입니다(2코린 4,7 참조). 하지만 그릇이 나의 것으로만 가득 차 있다면 다른 것을 담을 수 없을 것입니다. 다른 이를 받아 줄 마음의 여유도 없고, 형제의 사랑이 들어올 공간도 없습니다. 심지어 하느님의 사랑마저도 받아들일 여유가 없을 것입니다. 나의 그릇을 자꾸만 비워 나갈 때, 그 빈 공간만큼 하느님 사랑이 들어찰 것입니다. 옆에 있는 형제자매의 아픔과 관심이 들어올 여유가 생길 것입니다. 무화과처럼 속이 알차고 아름다운 존재가 되기 위해서는, 먼저 자신의 내면을 비워야 한다는 역설의 진리를 깨닫고 실천해 나가야 하겠습니다. 무화과를 한 입 베어 물며 드는 생각입니다.

---

1 『노자』 22. "不自見, 故明. 不自是, 故彰. 不自伐, 故有功. 不自矜, 故長."

절제

욕망(慾)은 원래 하느님의 선물입니다. 하느님께서는 인류가 어려운 환경에서도 생존하고 자손을 낳아 번성할 수 있도록, 삶의 필요한 요소요소에 욕망을 넣어 주셨습니다. 식욕食慾이 있기에 인간은 생명 유지에 꼭 필요한 영양분을 섭취해 살아갈 수 있습니다. 또한 성욕性慾이 있기에 인간은 자신의 짝을 찾으려 부단히 애쓰고, 아이를 낳고 자손을 이어 갑니다. 수면욕이 있기에 인간은 잠을 통해 휴식을 취하고 재충전해서 다음 날을 살아갈 힘을 얻습니다. 인정받고 싶은 욕망이 있기에 인류의 다양한 문화 활동이 가능해졌습니다. 공동체를 구성하고 정치를 하며 권력을 가지려 하는 것도 이런 욕망 때문에 가능합니다. 유희에 대한 욕망은 인간들이 서로 관계를 형성하고 친교를 나누며 삶의 즐거움과 의미를 추구하게 해 줍니다. 이렇듯이 욕망은 우리 인류가 계속해서 생존하고 번성할 수 있도록 하느님께서 꼭 필요한 요소에 선물처럼 넣어 주신 것입니다.

욕망은 쾌락을 동반합니다. 문제는 우리가 이 쾌락에만 탐닉하는 것입니다. 쾌락에 맛 들여 그것만을 추구하다 보면 본래의 의미는 퇴색하고, 탐욕을 부리다 결국 파멸로 이어지고 맙니다. 식욕의 쾌락만을 추구하면 과식과 탐식을 하게 되고 오히려 건강을 해칠 수 있습니다. 맛집을 찾아다니며 더 맛있는 음식을 추구하다 보면 내가 살기 위해 먹는지 먹으려고 사는지도 모를 지경에 빠질 것입니다. 하지만 이런 탐식이 지구 반대편 가난한 나라 사람들의 기아와 죽음, 심각한 환경 파괴를 초래한다는 사실을 간과해서는 안 됩니다. 그리고 절제되지 않은 성욕은 불륜, 간음, 강간 등의 범죄로 이어지며 인간 존엄성을 파탄 내기도 합니다. 수면욕이나 쉬고 싶은 욕망은 우리를 지나친 나태함과 게으름에 빠지게 합니다. 유희에 대한 욕망은 쾌락에 대한 중독을 일으킵니다. 술, 오락, 도박 등에 중독되어 삶을 피폐하게 하고 자신을 망가뜨립니다.

쾌락은 마치 늪과 같습니다. 쾌락을 만났을 때, 그 위를 가볍게 지나가지 않으면 거기에 빠져들고 말 것입니다. 이러한 욕망을 스스로 조절할 수 있는 존재는 인간뿐입니다. 욕망을 조절할 수 있는 힘이 바로 '절제'節制입니다. 절제는 정도를 넘지 않도록 알맞게 조절하여 제한할 수 있는 힘입니다. 내가 나의 몸, 내 삶의 주인임을 드러내 주는 것이 바로 절제입니다. 절제는 한자로

마디 절(節)과 제어할 제(制)를 씁니다. 먼저 '절'節자를 살펴보면, 대나무의 마디라는 뜻이 있습니다. 대나무는 몸통이 그리 굵지 않지만 곧게 뻗어 올라 몇십 미터까지 자랍니다. 하지만 그렇게 높이 자라면서도 휘거나 쪼개지지 않는 원리는 대나무의 마디에 있습니다. 일정 길이로 자라면 가로로 마디가 생겨 조절해 줍니다. 끝없이 길게만 나아가는 것을 조절해 주는 힘이 마디에 있는 것입니다. '제'制자는 무성한 나무(未)에 칼(刀)을 대어 나무를 정리해 주는 모양을 가진 한자입니다. 나무는 제때 전지를 해 줘야 모양도 예쁘고 잘 성장할 수 있습니다. 욕망이 멋대로 뻗어 나가 내 삶을 파멸시키지 못하도록 하는 힘이 바로 '절제'입니다. 공자는 말했습니다. "절제로 단속하면서 잘못되는 이는(길을 잃어버리는 이는) 드물다."[1] 욕망이 절제로 잘 통제될 때, 우리는 하느님의 창조 질서에 맞갖은 삶을 살 수 있습니다. 절제되지 않은 욕망은 결국 나의 몸과 정신을 망치고, 이웃과의 관계를 해치며, 우리를 둘러싼 생태 환경마저 파괴시키고 말 것입니다.

　온전한 절제는 인간의 힘만으로는 어렵습니다. 성령의 도우심이 필요합니다. 앞서 말했듯, 성령의 열매 가운데 마지막 덕목이 절제입니다(갈라 5,23 참조). 이 절제의 영을 주신 분은 바로 하느님이십니다. 우리 모두 작은 데서부터 절제의 삶을 실천하여 욕망에서 자유로운 자신을 느껴 볼 수 있으면 좋겠습니다.

1　『논어』「이인」里仁 23. "以約失之者, 鮮矣."

멈추면
비로소 보이는 것들

어느 책 제목처럼 코로나19 사태로 우리는 어쩔 수 없이 멈추게 되었고, 비로소 보이지 않던 것들을 볼 수 있게 되었습니다. '포스트 코로나'(코로나 이후의 세계)에 대해 많은 학자들이 이야기합니다. 앞으로는 화상으로 이루어지는 회의, 인터넷을 이용한 쇼핑 등 사회 전반에 비대면(untact) 문화가 일상이 될 것이라고 진단합니다. 우리는 이미 실감하고 있습니다. 하지만 계속 그렇게 만나지 않고 살아갈 수 있을까요? '관계'를 맺으며 인정받고 사랑받아야 살 수 있는 우리가 아닌가요? '비대면'의 상황 아래서 오히려 '대면'의 중요성을 더 깊이 깨닫게 되었습니다.

2023년에 지구상의 인구가 80억 명을 돌파했다고 합니다. 80억의 인구가 비대면으로 살아갈 수는 없는 노릇이지요. 동물 행동 학자인 제인 구달이나 최재천 교수 같은 생태 환경 학자들은 '재앙 끝의 희망'을 조심스럽게 이야기합니다. 코로나 사태라는 위기가 오히려 기회가 될 수 있다는 것입니다. 인간의 무분별한 환경 파괴가 야생동물과 인간이 접촉할 기회를 만들었고, 신종 코로나 바이러스와 같은 전에 없던 감염병이 발생한 것입니다. 오늘날 환경 파괴의 심각성과 환경 보호의 중요성을 모두 알고는 있지만 인류는 잘 실천하지 못하고 있습니다. 왜일까요? 당장 불편하기 때문입니다. 하지만 코로나 사태를 겪으면서 이제 우리는 피부에 와닿게 실감하게 되었고, 뭔가 행동으로 옮겨야 한다는 데 공감합니다. 생태 환경 학자들은 이제 '자연과의 거리두기'가 필요하다고 이야기합니다. 이것만 잘 이루어진다면 인간 사이의 거리두기는 굳이 필요하지 않다는 것이지요.

> "배움을 행하면 날로 더해지고(쌓이고), 도를 행하면 날로 덜어진다(비워진다). 덜어내고 또 덜어내 무위無爲에 이르니, 무위無爲하면 하지 못하는 것이 없게 된다."[1]

제가 참 좋아하는 구절입니다. '배움을 행한다'(爲學)는 것은 무언가를 쌓아 나가는 행위입니다. 지식을 쌓고 더 쌓고, 돈을 더 벌고, 욕망을 충족시키고, 더 발전하고 더 나아가고 더 높아지는 것, 어쩌면 오늘날 우리가 추구하는 삶일지도 모릅니다. 그래서 인간은 더욱더 많이 쌓기 위해서 자연을 정복하고 파괴합니다. 반면에 '도를 행한다'(爲道)는 것은 덜어 내고 비워 나가는 행위입니다. 덜어 내고 덜어 내어 자신을 비웁니다. 욕망을 절제함으로써 마음을 비웁니다. 빈자리에 타인을 위한 공간을 내어 주고, 하느님의 뜻이 들어올 공간도 확보합니다. 멈추고, 더 낮아지고, 더 느려집니다. 도를 행한다는 것은 어쩌면 인류가 자연과 공존할 수 있는 삶이고, 주님께서 가르쳐 주신 복음적인 삶입니다. 비우고 비우면, 그래서 억지로 무언가를 하려 하지 않고 이루려 하지 않는 '무위'無爲의 경지에 이르면 못 이룰 것이 없을 것입니다(無不爲). 무위無爲하면 무불위無不爲하게 된다는 역설의 경지는, "자신을 높이는 사람은 낮추어지고 자신을 낮추는 사람은 높여질 것입니다"(마태 23,12)라는 예수님의 말씀을 떠오르게 합니다.

삶에서 덜어 낸다는 것, 비운다는 것은 어떤 의미인지 생각해 봅니다. 나는 무언가를 바라고 욕망했으며, 더 인정받고 사랑받고 싶어 했으며, 더 높아지고 더 발전하려고만 했지 주님께서 말씀하신 더 낮아지고 더 비우는 삶을 실천할 생각은 없었다는 것을 깨닫습니다. 제가 육류를 먹지 않은 지 십 년이 지났습니다. 그리고 절제와 욕망 사이에서 방황하는 저의 마음을 들여다봅니다. 아직 마음을 비울 경지에는 이르지 못해 애꿎은 음식만 조절해 봅니다. 자꾸만 내 안에 무언가를 채우고 쌓으려는 유혹을 떨쳐 버리고자 오늘도 무엇을 비울까 고민해 봅니다.

1 『노자』 48. "爲學日益, 爲道日損. 損之又損, 以至於無爲, 無爲而無不爲."

음식 쓰레기

최근 중국은 음식 쓰레기와 전쟁을 벌이고 있습니다. '먹방'을 금지시키고 관련 법령을 만드는 등 노력하고 있습니다. 중국의 외식문화 중에서 음식 쓰레기 문제는 심각합니다. 중국 유학 시절, 식당에서 사람들이 음식을 시키는 것을 보고 놀랐습니다. 엄청난 양의 음식을 주문하고, 식탁에 놓을 자리가 없어서 음식 접시를 겹쳐 쌓아올린 채 식사를 하는 겁니다. 남는 음식을 포장해서 가져가기도 하지만, 남아서 버리는 음식 쓰레기의 양이 엄청났습니다. 중국의 생활 쓰레기 가운데 음식 쓰레기가 절반을 차지할 정도라고 하니, 법령까지 만들어 정부 차원에서 단속해야 할 심각한 사회문제가 되었습니다. 음식 쓰레기는 비단 중국만의 문제가 아닙니다. 한국은 물론 전 세계의 문제입니다. 이는 환경문제를 넘어서 인류 생존의 문제입니다. "유엔UN은 식량 불안에 처해 있는 인구가 약 20억 명에 달하는 것으로 추산하고 있습니다. 생산되는 식량의 3분의 1은 어딘가에서 버려지고, 인류의 최소 7분의 1에서 4분의 1에 가까운 인구가 배고픈 상태로 잠이 드는 현실은 매우 비정하기까지 합니다. 음식이 부족해서가 아니라 효율적으로 나누지 못해서 생기는 일입니다."[1]

환경문제가 심각해지면서 음식 쓰레기뿐만 아니라, 우리가 버리는 온갖 쓰레기들에 대해서 생각이 많아집니다. 마음껏 소비하고 편하게 버리고 싶은 '욕망'과 지구 환경을 위해서 해야만 할 '당위' 사이에서 저울질하며 당장의 불편을 감수할지 갈등하게 됩니다. 사람들이 본능적으로 지닌 욕망의 추구와 한계 사이의 균형에 관해서 전국시대의 순자는 이렇게 이야기합니다.

"사람은 나면서부터 욕망이 있는데, 바라면서도 얻지 못하면 추구하지 않을 수 없고, 추구함에 일정한 기준과 한계가 없다면 다투지 않을 수 없다. 다투면 어지러워지고 어지러워지면 궁해진다. 옛 임금들께서는 그 어지러움을 싫어하셨기 때문에 예의를 제정해 이들의 분계(分)를 정함으로써, 사람들의 욕망을 충족시켜 주고 사람들이 원하는 것을 공급하게 하였던 것이다. 그리하여 욕망이 결코 재화를 바닥내는 데까지 이르지 않도록 하고 재화가 욕망 때문에 바닥나는 일이 없도록 하여, 이 둘이 서로 균형 있게 발전하도록 했다. 이것이 예禮의 기원이다."[2]

욕망은 인간의 생존에 꼭 필요한 요소에 하느님께서 넣어 주신 선물과 같은 것입니다. 인간은 먹고, 자고, 자손을 낳아 번성하고, 관계 속에서 인정받아 공동체를 이루어 나가고자 하는 욕망을 지니고 있습니다. 하지만 욕망이 과도해지면 자신을 망치고 공동체를 파괴합니다. 하느님께서 주신 의미를 잘 깨달아 욕망을 잘 절제할 수 있다면 그것은 우리에게 큰 선물이 될 것입니다. 절제와 조절을 가능하게 하는 것을 바로 '예'禮라고 여겼습니다. 그래서 예부터 유가 학자들은 인간의 욕망(人欲)을 없애고, 하느님께서 의도하신 창조원리(天理)를 보존해 나가는 것이 모든 수행의 근본이라고 여겼습니다. 여기서 나온 말이 성리학자들이 끊임없이 추구한 "존천리 거인욕"存天理去人欲[3]이라는 개념입니다. 하늘의 이치를 잘 보존하고, 나(인간)의 욕망을 버려야 한다는 것입니다. 하느님은 이 세상을 창조하시고 우리 인간에게 맡기시며 아름답게 가꾸어 하느님 나라를 이루어 가라고 하셨습니다. 우리가 나의 편리함만 생각한다면, '공동의 집'인 지구는 쓰레기에 뒤덮이고 인류도 살아갈 수 없을 것입니다. 나의 욕망을 절제하고, 불편함을 감수하며 쓰레기를 줄이는 작은 실천이 필요한 때입니다.

"우리가 일용할 빵을 오늘 우리에게 주소서"(마태 6,11).

---

1 이동학 『쓰레기책』 (오도스 2020) 203쪽.
2 『순자』 「예론」禮論 1.
3 왕양명 『전습록』傳習錄 上 3.

태양 떨어뜨리기

『십팔사략』十八史略이라는 중국 역사책에는 창조 설화들이 나옵니다. 그 가운데 한 부분입니다. 세상의 동쪽 끝에 큰 뽕나무가한 그루 있었는데, 거기에는 천제天帝의 열 아들이 살고 있었습니다. 그들은 다리가 셋 달린 황금 새들이었는데, 하루에 한 마리씩날아올라 서쪽 끝으로 날아갔습니다. 그게 바로 태양이었습니다. 그들은 교대로 하루에 한 마리씩 날아올라 인간들이 살고 있는세상을 비춰 주었습니다. 그러던 어느 날, 열 아들이 장난기가 발동해서 한꺼번에 열 마리가 같이 날아올랐습니다. 하늘에 태양이열 개나 등장한 것입니다. 그들은 장난이었지만, 세상은 난리가났습니다. 태양이 열 개나 하늘에 떠 있으니, 기온이 올라 펄펄끓고, 농작물은 다 말라 타 버리고, 이상 기온으로 곳곳에 괴물이나타나 사람들을 잡아먹었습니다. 당시 나라를 다스리던 요堯임금이 천제에게 제사를 지내 이 사실을 알렸습니다. 천제는 아들들의 장난을 알고는 신예神羿라는 우직한 신을 세상에 보내 문제를 해결하도록 했습니다. 신예는 활솜씨가 뛰어났습니다. 그는 화살 열 발을 가져가서 정확하게 한 발씩 쏘아 태양을 떨어뜨렸습니다. 그러다 태양 열 개를 모두 떨어뜨릴까 우려하여 요임금이 몰래 한 발을 숨겨 다행히 태양 하나가 남았다고 합니다. 천제는 분노했습니다. 아이들을 야단쳐서 사태를 해결할 줄 알았지, 자기 아들들을 죽이리라고는 생각하지 못한 것입니다. 결국 신예는 신의 자격을 박탈당하여 인간이 되었다고 이야기는 전합니다.

저는 처음 이 이야기를 접했을 때 오늘날의 지구온난화가 떠올랐습니다. 우리가 사는 지구가 점차 뜨거워지고 있고, 급격한 기후변화는 지구에 사는 인류는 물론, 많은 생명체를 위협하고 있습니다. 더구나 코로나19로 힘겨운 날들을 보내고 난 후에는 마스크 사용과 배달 음식, 택배 배달로 인해 일회용품과 플라스틱 사용이 급격하게 늘어나 더 큰 환경 문제를 일으키고 있습니다. 누구나 문제의 심각성은 절감합니다. 환경을 보호하기 위해서 일회용품을 줄이고 이산화탄소 배출을 줄여야 한다는 것은 잘 알고 있습니다. 하지만 실천하려면 당장 불편한 게 많아서 그냥 모른 척 대충 살던 대로 사는 것이지요.

6월 5일은 '세계 환경의 날'입니다. 1972년 스웨덴 스톡홀름에서 열린 '유엔인간환경회의'(UNCHE)에서 국제사회가 지구의 환경 보전을 위해서 공동으로 노력할 것을 다짐하며 제정한 날입니다. 요즘은 이렇게 환경 관련된 기념일이 많은 것 같습니다. '물의 날(3월 22일)'과 '지구의 날(4월 22일)'을 거쳐 환경의 날을 보내며 지구의 환경을 생각하는 시간을 가지는 것입니다. 하지만 이제는 일 년 가운데 하루를 잡아 환경을 생각하는 것으로는 부족합니다. 일 년 365일이 지구의 날이고 환경의 날이어야 할 것입니다. 일부 기후 학자들과 환경 학자들은 지구의 환경을 돌이키기에는 이미 늦었다고 비관적으로 이야기하기도 합니다. 하지만 지금부터라도 우리가 사는 이 '공동의 집', 지구를 생각하며 환경을 보호하기 위해 힘쓴다면 훨씬 좋아지리라고 생각합니다.

신예가 활을 쏘아 뜨거운 태양을 하나씩 떨어뜨리듯이, 우리 한 사람 한 사람이 신예가 되어 지구의 온도를 낮추고 아름다운 환경을 만들어 가기 위해 노력해야 하겠습니다. 환경을 생각한다는 건 결국 불편함을 감수한다는 것입니다. 일회용품과 플라스틱의 사용을 줄이는 것, 무더운 날 에어컨 사용을 줄이고 전기를 아끼는 것, 대중교통을 이용하거나 자전거를 타면서 자동차 이용을 줄이는 것 등 일상에서 실천할 수 있는 것은 많지만 하나같이 불편한 일들입니다. 내가 조금 불편함을 감수하는 것이 바로 우리가 사는 길입니다.

"하느님께서 보시니 손수 만드신 모든 것이 참 좋았다"(창세 1,31).

바람이 분다,
풀이 눕는다

무더운 여름이 지나고 가을이 오면, 낮에는 아직 햇살이 따갑지만 아침저녁으로는 제법 선선한 바람이 붑니다. 전 어릴 때부터 바람 부는 걸 무척 좋아했습니다. 바람에 나뭇잎이 흔들리고 풀이 물결치는 소리가 듣기 좋습니다. 몇 년 전 바람 많은 제주도에 갔을 때, 세찬 바닷바람에 보리밭의 청보리가 눕는 소리가 좋아 한참을 서 있었던 기억이 납니다.

바람에 흔들리는 풀을 보면서 『논어』에 나오는 옛이야기가 떠올랐습니다. 당시 노나라의 실권자였던 계강자가 어느 날 공자에게 정치에 대해서 묻자, 공자는 이런 이야기를 했습니다.

"비유하자면, 군자의 덕은 바람이요, 백성의 덕은 풀입니다.
바람이 불면 풀은 반드시 눕습니다."[1]

바람은 권력을 가진 정치인들이고 백성은 바람에 따라 이리저리 움직이는 풀이라고 비유했습니다. 그래서 백성을 '민초'民草라고도 했지요. 풀은 바람에 따라 흔들리기 마련이므로 바람이 어떻게 부느냐가 중요하듯이, 백성을 다스리는 위정자들이 먼저 모범을 보이고 백성들을 위한 올바른 정치를 해야 한다는 말씀입니다. 굳이 위정자들에게 국한된 말씀은 아니겠지요. 한 가정의 부모와 자녀의 관계가 그러하고, 공동체의 장상과 회원들의 관계가 그러하며, 성당의 사목자와 신자들의 관계가 그러할 것입니다.

> "백성들의 통치자들은 엄하게 지배하고 높은 사람들은 백성들을 억압합니다. 그러나 여러분 사이에서는 그럴 수 없습니다. 오히려 여러분 가운데서 크게 되고자 하는 사람은 여러분의 봉사자가 되어야 합니다. 그리고 여러분 가운데서 첫째가 되고자 하는 사람은 여러분의 종이 되어야 합니다"(마태 20,25-26).

그런데 오늘날은 백성들이 마냥 당하고만 있지는 않은 시대입니다. 정치권력을 가진 자들이 잘못하면 백성들은 촛불을 들고 광장에 모여 목소리를 높입니다. 어떤 공동체든지 권력자들이 권력을 남용하거나 부패하면 공동체의 구성원들은 민주적인 절차를 요구하며 권력자들에게 그 책임을 묻습니다. 가정이나 성당 공동체도 마찬가지입니다. 공동체를 사랑으로 돌보고 자기에게 주어진 책임을 성실히 하지 않는다면 구성원들이 반발하며 따르지 않는 것은 당연한 일입니다. 이렇게 시대가 변했지만 변화를 받아들이지 못하는 이들은 자신의 권위를 내세우며 반발합니다. 그래서 세대 간의 갈등이 곳곳에서 일어나고 있습니다.

> 풀이 눕는다
> 바람보다 더 빨리 눕는다
> 바람보다 더 빨리 울고
> 바람보다 먼저 일어난다
> _ 김수영 「풀」 부분

시인 김수영은 바람에 흔들리는 약한 풀을 이야기하면서, 힘없고 약한 풀이지만 결국 주체적으로 바람보다 먼저 눕고 바람보다 먼저 일어나는 끈질긴 저항을 노래합니다.

바람이 붑니다. 바람이 풀을 눕힐 수도 있고, 풀이 바람에 저항할 수도 있습니다. 하지만 가장 아름다운 모습은 바람과 풀이 서로 춤을 추듯이 나부끼는 모습일 것입니다. 바람은 풀을 해치려고 하지 않고 풀도 산뜻한 바람에 몸을 맡기며 함께 어우러진다면, 그야말로 아름다운 가을 들녘의 모습일 겁니다.

---

1 『논어』「안연」顔淵 19. "君子之德風, 小人之德草. 草上之風, 必偃."

정치란
바름입니다

코로나19 팬데믹이 맹위를 떨칠 때 세계 각국의 대응이 연일 뉴스를 통해 전해졌습니다. 미국 등 선진국의 대응은 좀 실망스러웠습니다. 정책도 우왕좌왕했으며, 정보를 올바르게 공개하지도 못했습니다. 국민들은 정부를 믿지 못하고, 방역 지침도 제대로 지키지 않아 걷잡을 수 없는 사태로 치달았습니다. 그런 와중에 외신들은 우리나라의 이른바 K-방역을 모범으로 제시했습니다. 우리나라가 믿음직하고, 국민 모두가 자랑스럽게 느껴졌습니다.

예나 지금이나 국가가 안정되고 발전하기 위해서는 무엇보다 국민의 전폭적인 지지가 필요합니다. 그러기 위해서는 국민들이 국가의 정책을 신뢰하고 따를 수 있어야 합니다.

공자의 제자이자, 언변이 뛰어나고 외교에 관심이 많았던 자공이 공자에게 정치에 관해서 묻자, 공자께서 말씀하셨습니다.

"양식을 풍족하게 하고, 군사력을 강하게 키우고, 백성들이 신뢰할 수 있게 하는 것이다." 자공이 다시 물었습니다. "반드시 부득이하게 버려야 한다면 이 세 가지 중에서 무엇을 먼저 버려야 합니까?" "군대를 버린다." 자공이 다시 물었습니다. "남은 두 가지 가운데 부득이하게 버려야 한다면 무엇을 버려야 합니까?" 그러자 공자께서 말씀하셨습니다. "양식을 버린다. 예부터 사람은 모두 죽지만, 백성이 정치에 대한 믿음이 없으면 나라가 바로 서지 못한다."[1]

오늘날에도 깊이 새겨들을 대목입니다. 한 국가가 성립하기 위해서는 영토, 국민, 주권이 있어야 합니다. 선진국으로 나아가기 위해서는 경제력도 뛰어나야 하고, 국가를 지킬 국방력도 강해야 합니다. 하지만 아무리 군사력이 강하고 경제력이 앞선다 하더라도 국민이 정부를 믿지 못하고, 정부는 국민을 권력으로 내리누르며 독재정치를 한다면 그 국가는 오래가지 못할 것입니다. 역사가 증명해 주고 있습니다.

그렇다면 백성의 신뢰를 얻기 위해서는 어떻게 해야 할까요? 공자 당시 노나라의 실권자였던 계강자季康子가 공자에게 그것을 물었습니다. 그러자 공자께서 이렇게 말씀하셨습니다.

"정치란 곧 올바름입니다. 당신이 먼저 백성을 정도로 이끈다면, 누가 감히 정도를 걷지 않겠습니까?"[2]

계강자는 왕도 아니면서 막강한 권력으로 국정을 좌지우지한 인물입니다. 그런 사람이 정치에 대해서 묻자, 공자께서 직언을 하신 거죠. "정치란 바름입니다(政者, 正也)." 정치, 곧 나라를 다스리는 일이란, 바르지 않은 것을 바로잡는 것입니다. 그러려면 정치를 하는 이가 먼저 바른 사람이 되어야겠지요. 나라를 잘 다스리려면 먼저 국민의 신뢰를 얻어야 하고, 국민의 신뢰를 얻기 위해서는 위정자가 먼저 도덕성을 갖추어 솔선수범해야 합니다.

코로나19 팬데믹과 같은 위기 상황은 앞으로도 언제든지 다시 찾아올 수 있습니다. 국민들이 국가의 정책을 믿고 잘 따라서 위기를 극복할 수 있도록 정치에 임하는 이들이 먼저 자신의 올바름을 추구하고, 자신을 낮추어 겸손되이 국민을 섬기는 자세로 봉사하기를 바라 봅니다.

"세상의 통치자들아, 정의를 사랑하여라. 선량한 마음으로 주님을 생각하고 순수한 마음으로 그분을 찾아라"(지혜 1,1).

---

1 『논어』「안연」顔淵 7. "子貢問政. 子曰, 足食, 足兵, 民信之矣. 子貢曰, 必不得已而去, 於斯三者何先? 曰, 去兵. 子貢曰, 必不得已而去, 於斯二者何先? 曰, 去食. 自古皆有死, 民無信不立."
2 같은 책 17. "季康子問政於孔子. 孔子對曰, 政者, 正也. 子帥以正, 孰敢不正?"

미얀마 땅에도
부활이 오기를 …

2021년 미얀마의 군부 쿠데타에 항의하는 시위가 벌어졌습니다. 군과 경찰이 실탄까지 쓰며 폭압적으로 시위를 진압하면서 수많은 사람이 죽거나 다치는 것을 보고 마음이 아팠습니다. 그런 가운데 수녀님 한 분이 중무장한 경찰 병력 앞에서 무릎을 꿇고 시위대에 폭력을 행사하지 말아 달라며 애원하는 모습이 카메라에 포착되었습니다. 이 장면은 전 세계에 보도되었고, 수녀님의 용기 있는 행동에 경찰 병력도 시위 진압을 멈추고 총을 내려놓았다고 합니다. 폭력을 앞세운 통치는 오래가지 못한다는 것을 역사는 우리에게 가르쳐 줍니다.

중국은 춘추전국시대에 수많은 나라가 끊임없이 전쟁을 하며 혼란의 시기를 보냈습니다. 이런 시대를 종결시키고 전국을 통일한 이가 바로 우리가 잘 아는 진시황秦始皇입니다. 진나라가 전국을 통일하고 자신이 황제가 되어 첫 번째 황제라고 이름 붙인 것입니다. 우리는 진시황이라는 이름은 모두 기억하고 있지만, 통일제국 진秦이 15년이라는 짧은 기간만 유지되다가 멸망했다는 사실은 잘 모릅니다. 진나라는 시황제가 죽고 나서 4년 만에 한漢나라에 의해 멸망하고 역사에서 사라져 버렸습니다. 진나라가 이처럼 빨리 멸망한 데는 여러 가지 원인이 있겠지만, 폭압적인 정치에 견디지 못한 백성들이 곳곳에서 반란을 일으킨 것이 결정적인 이유였습니다. 전국시대에 작은 변방의 나라였던 진秦은 법가法家 사상을 기반으로 하여 엄격한 법률 시행과 형 집행으로 개혁을 단행하고 짧은 시간에 강대국이 되었습니다. 그래서 전국시대의 주변 강대국들을 하나하나 멸망시키고 통일 제국이 된 것입니다. 하지만 통일 이후에도 엄격하고 가혹한 통치를 이어 나가 백성들은 살기가 너무 힘들어 삶의 터전을 버리고 도적이 되거나 유랑민으로 떠돌았고, 군법이 너무 혹독하여 병사들도 탈영하기 일쑤였습니다. 결국 한나라에 멸망하고 맙니다.

한나라를 세운 고조 유방劉邦에게 육고陸賈라는 신하가 있었는데, 그는 황제 앞에 나아가 말할 때마다 『시경』과 『서경』을 인용하며 황제에게 덕德의 중요성을 가르쳤습니다. 그러자 황제인 유방은 불쾌하게 생각하며 그를 꾸짖었습니다. "나는 말 등에 올라타 천하를 얻었다. 어찌 『시경』과 『서경』 따위를 논하는 것이냐!" 그러자 육고가 말했습니다. "말 등에 올라타 천하를 얻었다고 하여 어찌 말 등에 올라타 천하를 다스릴 수 있겠습니까?"[1] 천하를 얻는 데는 강력한 군사력과 가혹한 법령이 필요하겠지만, 이제 천하를 얻어 황제가 되어 백성들을 자식처럼 여기며 다스리지 않는다면 천하를 유지할 수 없다는 것을 역사적인 사실을 들어 황제에게 일깨워 준 것입니다. 유방은 그의 조언을 잘 받아들여 무력이 아니라 덕으로 다스리려 노력하였고, 어진 마음(仁)과 의로움(義)을 중시하는 유가 사상을 통치 이념으로 받아들여 나라를 다스렸습니다. 한나라는 사백 년을 넘게 이어 가며 찬란한 문화를 꽃피웠습니다. 오늘날 우리가 아는 한자漢字, 한문漢文, 한학漢學이 한나라 때 형성되었고, 세계 최초로 종이를 발명했으며(漢紙), 중국의 가장 대표적인 민족의 이름도 한족漢族이 되었습니다.

폭력으로 이루어진 권력은 결코 오래갈 수 없습니다. 예수님께서도 기득권의 폭력에 쓰러져서 죽음을 맞으셨지만, 죽음을 극복하고 부활하셨습니다. 세상 모든 죽음의 세력에 맞서 싸우는 이들을 위해 기도합니다. 겨울의 추운 바람을 이기고 꽃이 피어나듯이, 죽음의 세력을 이기고 새로운 생명으로 부활할 것입니다. 부활은 꼭 올 것입니다. 지금도 세계 곳곳에서 전쟁이 벌어지고 있습니다. 하루 빨리 전쟁이 멈추고 정의와 평화가 가득하기를 기도합니다.

---

1 사마천『사기』「역생육고열전」酈生陸賈列傳. "居馬上得之, 寧可以馬上治之乎?"

⊛

전쟁과 죽음

전 세계적으로 코로나19 상황이 심각한 가운데 러시아가 우크라이나를 침공하여 일어난 전쟁은 지금도 계속되고 있습니다. 코로나19가 엔데믹으로 전환되면서 세계는 일상으로 돌아오고 있지만 우크라이나에서는 지옥 같은 전쟁이 계속되고 있습니다.

전쟁과 죽음은 인간이 겪을 수 있는 가장 끔찍한 상황입니다. 죽음은 지금의 모든 기대와 희망을 끝장내 버립니다. 장래를 위해 지금 열심히 공부하는 학생들, 곧 결혼을 앞둔 젊은 연인들, 태어날 아기를 기다리며 꿈에 부푼 가정, 매사에 아껴 쓰며 저축해서 내 집 장만의 꿈을 이루려는 사람들, 퇴직하고 이제 여유로운 노년을 보내려고 계획하는 사람들 …. 이 모든 상황을 한순간에 물거품으로 만들어 버리는 것이 바로 '죽음'입니다. 갑작스러운 죽음을 맞거나 죽음을 앞에 두는 경험을 한 이들에게는 삶의 큰 희망이었던 이 모든 일이 의미를 잃어버립니다.

특히 '전쟁'은 수많은 사람을 죽음의 위험으로 몰아넣고, 삶의 의미와 희망마저 앗아 가 버린다는 점에서 인간이 저지를 수 있는 가장 큰 범죄라고 할 수 있습니다. 죽음을 합리화하는 전쟁이야말로 인류가 피해야 할 최악의 죄악입니다.

춘추전국시대 최고의 병법서요 전쟁의 교과서라 할『손자병법』에서 손무孫武는 전쟁의 진정한 목적은 전쟁을 멈추는 것이라고 강조합니다. 그가 병법서를 쓴 주된 이유는 전쟁이 난무하는 시절에 오히려 전쟁을 멈추기 위해서였습니다. 전쟁을 일으킬 상황을 만들지 않는 것이 가장 중요하며, 싸우지 않고 이기는 것이 최선입니다. 전쟁에 이기더라도 많은 사람이 다치고 죽었다면 아무 의미가 없습니다. 그의 사상에서 가장 중심에 있는 것은 바로 사람입니다.

"노여움은 시간이 흐르면 다시 기쁨으로 바뀔 수 있고, 분노도 다시 즐거움으로 바뀔 수 있다. 그러나 나라가 망하면 다시 세울 수 없고, 사람이 죽으면 다시 살릴 수 없다."[1]

당시 중국은 춘추전국시대로, 작은 국가들 사이에 전쟁이 끊이지 않았고, 그러는 사이 이해관계가 없는 일반 백성들만 죽음으로 내몰려 고통받았습니다. 국가 간에 영토 문제나 역사적인 관계 때문에 감정이 안 좋을 수 있고, 군주가 사사로운 원한이나 분노에 휩싸여 전쟁을 일으킬 수도 있습니다. 하지만 전쟁이 한번 일어나면 나라가 멸망할 수도 있고, 수많은 군인과 백성들이 죽음의 위험에 처합니다. 전쟁의 승패에 상관없이 많은 희생이 따르기 마련이지요. 축복 속에 태어나 사랑받으며 자라고, 사람들과의 관계를 통해 행복을 찾으며 자신의 삶을 살아가는 것은 모든 인간이 누려야 할 가장 기본적인 권리입니다. 이런 권리가 한순간 박탈당하고 거대한 폭력 앞에서 생명의 존엄성도 찾지 못하게 되는 상황이 바로 전쟁이요 죽음입니다.

죽음 앞에서 우리의 삶은 너무나 보잘것없습니다. 예수님께서는 그 죽음의 세력을 물리치고 부활하셨습니다. 그리고 당신을 믿고 따르는 모든 이는 죽음을 이기고 부활하리라고 알려 주십니다. 거기에 우리의 희망이 있습니다. 프란치스코 교황님께서는 2022년 사순 시기 담화문을 통해 "선을 행하는 데에 싫증을 내지 않도록 합시다"(갈라 6,9)라는 바오로 사도의 말씀을 강조하셨습니다. 감염병과 전쟁 등 죽음의 세력이 난무하는 세상 속에서도 우리는 낙심하지 말고, 희망을 갖고, 꾸준히 선한 일을 해 나가야 할 것입니다.

---

1 『손자병법』「화공편」 "怒可以復喜, 慍可以復悅. 亡國不可以復存, 死者不可以復生."

수오지심

어느 휴일 아침, 일어나 텔레비전 뉴스에서 나오는 이태원 참사 소식을 접하며 느낀 말할 수 없는 슬픔과 분노가 아직도 가시지 않습니다. 사회 안전망의 부실로 꽃다운 나이의 젊은이들이 허무하게 죽음을 맞는 상황에서 아무것도 할 수 없이 무기력하게 지켜보기만 하는 저의 처지가 부끄러웠습니다.

맹자는 사람이라면 누구나 태어날 때부터 선한 본성을 지니고 있다고 보았습니다.[1] 곧, 모든 사람은 천성적으로 측은지심惻隱之心, 수오지심羞惡之心, 사양지심辭讓之心, 시비지심是非之心을 지니고 있다는 것입니다. '측은지심'은 사랑의 마음입니다. 모든 생명 있는 것들을 측은히 여기고 보살피며 사랑하는 마음입니다. 이마음의 근본은 인(仁)이라는 덕목입니다. '사양지심'은 타인을 배려하고 양보하며 예를 갖추려는 마음으로, 그 마음의 근본은 예禮라는 덕목입니다. '시비지심'은 윤리 도덕적으로 무엇이 옳고(是) 그른지(非)를 분별할 줄 아는 지혜로움입니다. 이 마음의 근본 덕목은 지혜(智)이지요.

그러면 '수오지심'은 무엇일까요? 한자를 보면, 부끄러울 수羞에 미워할 오惡자입니다. 부끄럽고 미워하는 마음이라는 뜻이지요. 무엇을 부끄러워하고 무엇을 미워한다는 말일까요? 수오지심의 근본 덕목은 의로움(義)입니다. 그러니 내가 의롭지 못할 때 부끄러운 마음이 드는 것이고, 다른 이들의 불의함을 볼 때 분노하고 미워하는 마음이 드는 것을 '수오지심'이라고 합니다. '부끄러움'은 나의 내면을 향하는 의로움의 잣대(기준)이고, '미워함'은 나의 외면, 세상을 향하는 의로움의 잣대인 것입니다. 맹자가 이야기한 이런 마음은 사람이라면 누구나 지니고 있는 선한 본성입니다. 이는 사회적으로 교육을 통해 배워서 생긴 마음이 아니라, 태어날 때부터 하늘(天)이 나에게 부여해 준 것입니다.

저는 요즘 참으로 부끄러운 마음이 듭니다. 10·29 이태원 참사로 희생된 젊은이들을 보면서, 기성세대의 일원으로서 이 사회를 좀 더 안전하고 정의로운 곳으로 만들지 못했다는 부끄러운 마음입니다. 꽃다운 나이의 젊은이들이 구조 대원들이 지켜보는 가운데 속수무책으로 죽어 가는, 도무지 믿기지 않는 상황에 대해 부끄럽고 수치스러운 마음이 듭니다.

그리고 미운 마음, 분노하는 마음이 나를 휩쓸고 있다는 생각이 듭니다. 국민의 안전을 최우선으로 해야 할 정책 당국의 안이한 자세와 당쟁만을 일삼는 정치권을 향한 미움과 분노의 마음입니다. 공정한 보도와 올바른 진단은 내팽개치고 자극적인 보도에만 열을 올리는 대다수 언론을 향한 분노의 마음입니다. 내 본성 안에 있는 의로움(義)의 덕목이 나에게 '수오지심'을 불러일으킵니다.

끊이지 않고 반복되는 대형 참사를 보면서 '수오지심'이 내 마음을 우울하고 어둡게 만듭니다. 사회의 약자를 향한 '측은지심'이 내 마음을 슬프게 합니다. 우리 모두 진리로 허리에 띠를 두르고 의로움의 갑옷을 입고 굳건히 서서(에페 6,14), 하느님 나라의 의로움을 찾아야 하겠습니다(마태 6,33 참조).

> "의로움은 하느님 나라를 세우는 데에 필요한 구성 요소 가운데 하나입니다. 우리가 날마다 주님의 뜻을 따르려고 노력하는 가운데, 정의에 굶주리고 목마른 모든 이가 흡족할 수 있도록(마태 5,6 참조) 인내와 희생과 결단으로 정의를 다져야 합니다."[2]

---

1 『맹자』「공손추」公孫丑 上 6 참조.
2 프란치스코 교황, "제108차 세계 이주민과 난민의 날 담화" 중에서.

비상非常의
즐거움

"이미 정상적이지 않은 즐거움을 누렸다면, 모름지기 예측되지 않는 근심에 대비해야 한다."[1]

강의 준비를 위해 『명심보감』明心寶鑑을 읽다가 눈에 들어온 구절입니다. 정상적인 노력의 결과가 아니라 편법을 써서 금전적인 이익을 보게 된다든지, 운 좋게 어떤 이익이나 좋은 일이 생긴다면 분명 기분이 좋고 즐거울 것입니다. 뉴스를 보면 그런 일이 많습니다. 불법이나 편법을 저지르고, 사람들의 눈을 피해 약삭빠르게 이익을 취합니다. "정상적이지 않은"의 원문은 "非常"입니다. 여기서 '상'常이란 일상적이고 정상적인 상태를 말합니다. 한결같은 진리, 영원하고 불변하는 사람의 도리 같은 것이지요. 비상非常이란 이런 상常의 상태가 아니라는 뜻입니다. 늘 일어나는 정상적이고 일상적인 경우가 아니라 비정상적인 일로 누리게 되는 즐거움이니, 기쁨이 더 클 수는 있겠으나 대가가 따릅니다. 비상非常의 즐거움은 반드시 불측不測의 근심을 가져오기 마련이라는 것입니다. 정상적이지 않은 즐거움을 누렸다면, 반드시 예측되지 않는 근심이 올 것이니 거기에 잘 대비하라는 경구입니다. 이 말은 달리하면, 정상적이거나 일상적이지 않은 방법으로 얻는 즐거움을 경계하라는 것이겠지요.

세상에는 온갖 사기꾼들이 있습니다. 가난하고 못 배운 사람들을 속여 등쳐먹는 이가 많지요. 법을 잘 지키며 하루하루 성실히 살아가는 소시민들을 비웃으며 불법으로 돈을 벌고, 탈세를 일삼으며, 불로소득을 얻어 떵떵거리며 사는 이들이 많습니다. 일명 '빌라왕'이라 불리는 사기꾼들이 전세 대출 사기로 사람들의 돈을 탈취합니다. 피해자 대부분이 월세에서 벗어나 겨우 전세를 얻었거나 아파트 전세 비용을 감당할 수 없었던 서민들일 겁니다. 교통법규를 쉽게 어기고, 음주운전을 일삼으며, 마약이나 도박에 탐닉하는 이들도 모두 비상非常의 즐거움을 누리는 이들입니다.

한나라 무제 때 제나라에 주보언이라는 사람이 있었습니다. 그는 학식이 있었으나 별 재주가 없고 집안도 가난해서 이곳저곳 전전하며 다녔지만 관직에 나아가지 못했습니다. 그러다 어떤 계기로 장군 위청과 연이 닿았고, 위청이 황제에게 여러 번 그를 추천

했지만 황제의 부름을 받지는 못했습니다. 그래서 그는 직접 글을 써서 당시 황제의 최대 근심사였던 흉노 토벌에 관한 상소문을 올렸습니다. 그 글을 본 황제는 대단히 흡족하여 그를 발탁했습니다. 이때부터 주보언은 아침에 글을 올리고 저녁에 황제를 알현하는 영광을 누리게 되었습니다. 하지만 그는 주로 이웃 왕의 숨겨진 사생활이나 위황후 존립에 관한 일 등 다른 사람의 비밀스러운 일을 들춰내 황제에게 밝히는 방법으로 공을 세우고 총애를 받았습니다. 그래서 조정의 대신들은 그가 자신들에 관해 황제에게 어떤 말을 할지 몰라 두려워하며, 뇌물을 보내 그의 환심을 사려고 했습니다. 권세가 점점 커지고 재물도 불어나자 주보언의 횡포는 더욱더 악랄해졌습니다. 여기서 '정상적인 도리를 따르지 않더라도 목적을 달성하기 위해 수단과 방법을 가리지 않는다'는 뜻의 "도행역시"倒行逆施라는 말이 나왔습니다. 그러면 주보언의 말로는 어땠을까요? 그는 옛날 자기 고향 제나라에서 당한 수모를 앙갚음할 목적으로 당시 제나라 왕 유차경의 방탕한 생활을 황제에게 고발해 마침내 제나라의 재상으로 임명받았습니다. 제나라에 가서는 끝내 왕을 위협해 자살에 이르게 했습니다. 한 무제는 제나라 왕이 주보언의 위협에 못 이겨 자살했다는 소식을 듣고 분노했습니다. 그러자 주변에서 많은 이가 주보언의 만행에 대해 일러바쳤고, 결국 주보언과 그의 일족까지 몰살당했습니다. 그가 황제에게 총애를 받고 있을 때 그의 집에 드나드는 빈객은 수천 명에 달했지만, 그와 일족이 몰살당하자 그

들의 시신을 거둬 주는 사람이 단 한 명도 없었다고 합니다.[2]

다가올 위태로움은 생각하지 않고 계속해서 정도에서 벗어난 비상非常의 즐거움을 누리려고 한다면, 예측하지도 못한 근심에 사로잡힐 것입니다.

"그날과 그 시간에 대해서는 아무도 모릅니다. 예기치 않은 날, 짐작도 못한 시간에 그 종의 주인이 들이닥쳐서 그를 처단할 것입니다"(마태 24,36.50).

1　『명심보감』「성심」省心 上 4. "旣取非常樂, 須防不測憂."
2　사마천『사기』「평진후주보열전」平津侯主父列傳 참조.

호가호위하지 않기를 …

중국 전국시대 초나라 선왕宣王 때의 일입니다. 당시 초나라의 재상이던 소해휼昭奚恤의 위세가 그야말로 하늘을 찔렀습니다. 북방의 여러 나라가 그를 두려워한다는 소문이 돌 정도였습니다. 그래서 선왕이 신하들에게 그게 사실이냐고 물었습니다. 그러자 강을江乙이란 신하가 말했습니다. "그렇지 않습니다. 북방의 여러 나라가 어찌 한 나라의 재상에 불과한 소해휼을 두려워하겠습니까? 이런 이야기가 있습니다. 한번은 호랑이가 여우를 잡았습니다. 그러자 교활한 여우가 호랑이에게 말하기를, '나는 천제의 명을 받고 내려온 하늘의 사자다. 네가 나를 잡아먹으면 천제의 명을 어기는 것이니 천벌을 받을 것이다. 내 말이 믿기지 않는다면 내가 앞장설 테니 내 뒤를 따라와 봐라.' 그래서 호랑이는 여우의 뒤를 따라가 봤습니다. 그랬더니 과연 여우의 말대로 짐승들이 쩔쩔매며 달아나기 바빴습니다. 사실 짐승들이 달아난 것은 여우 뒤에 따라오는 호랑이 때문이었습니다. 지금 북방의 여러 나라가 두려워하는 것은, 일개 재상에 불과한 소해휼이 아니라 그 뒤에 있는 초나라의 힘, 곧 임금님의 강한 군사력입니다."[1]

여기에서 나온 고사성어가 "호가호위"狐假虎威입니다. 여우가 호랑이의 힘을 빌린다는 뜻으로, 남의 힘을 빌려 쓰면서도 자신의 힘인 양 허세를 부리는 것을 비유하는 말입니다. 자신의 힘과 능력이 어디에서 오는 것인지 잘 살펴보고 성찰하지 않는다면 우리도 여우처럼 그것이 자신의 힘인 양, 자기 능력인 양 착각하고 교만에 빠질 수 있습니다. 민주주의民主主義는 국민이 국가와 모든 권력의 주인이라는 정치체제입니다. 그러니 국민을 대표하는 국회의원들이 법을 만들고, 국민이 뽑은 대통령과 지방자치단체장들이 정치를 맡아 하는 것이지요. 정치인들이 자신의 힘과 능력 덕분에 권력을 쥐었다고 착각하고, 권력을 함부로 휘두르며 부정부패를 저지른다면 호가호위하는 여우의 어리석음이라고 할 수밖에요.

사제로 살아가면서 자주 되새깁니다. 신자들이 사제를 보고 인사하며 존경을 표하고, 영적 아버지로 여기며 따르는 것은 그가 하느님의 사람으로서 하느님의 구원사업을 하고 있기 때문이라는 것을 말입니다. 하지만 유혹은 우리가 생각지도 못한 사이에 스며듭니다. 내 능력 때문에 부르심을 받았고, 내 힘으로 사제가 되었으며, 내가 강론을 잘하고 내가 사목을 잘해서 신자들이 나를 따르고 존경을 표시한다고 여깁니다. 사제인 나에게 함부로 말하거나 내 의견에 반대하고 나선다면 나의 권위에 도전한다고 여기며 기분 나빠하기도 합니다. 사실 내가 받은 모든 것, 나의 생명마저도 하느님에게서 거저 받은 것인데 말입니다.

"나는 살아 있지만 이미 내가 아니라 그리스도께서 내 안에 살고 계십니다. 내가 지금 육신 안에 살고 있는 것은, 나를 사랑하시고 나를 위해 당신 자신을 바치신 하느님 아드님께 대한 신앙으로 살아가는 것입니다"(갈라 2, 20).

---

1 『전국책』戰國策 「초책」楚策 참조.

사이비가 판치는 세상

사이비 종교의 폐단은 어제오늘의 일이 아니지만 넷플릭스의 「나는 신이다」라는 다큐멘터리를 통해서 사회적으로 큰 이슈가 된 바 있습니다. 이 프로그램은 우리나라의 대표적인 사이비 종교 교주들의 추악한 실상을 파헤쳤습니다.

흔히 '사이비'라는 말을 쓰는데, 이 말은 『맹자』에서 왔습니다. 맹자는 "나는 사이비를 싫어한다"(孔子曰, 惡似而非)라는 공자의 말을 인용했습니다. 공자는 덕이 있고 선량한 척하며 마을 사람들의 존경을 받지만 실은 위선적으로 행동하는 소위 '향원'鄕愿을 싫어했는데, 그들이 군자와 비슷하지만(似), 군자가 아닌(非), 덕을 해치는 자(德之賊)라고 비판했습니다.[1] 결국 '사이비'似而非란 '유사하지만 아닌'이라는 뜻입니다. 그러니 사이비 종교란 종교의 형태를 띠어 종교와 비슷하지만 종교가 아닌, 사람들을 현혹하는 사기꾼 무리를 말합니다. 그들의 목적은 돈이고, 욕망의 충족입니다. 사이비 종교의 교주는 자신을 재림한 예수, 아니면 하느님의 구원 계획을 완성할 자라고 하며 사람들을 현혹하고, 자신의 가르침에만 구원이 있다고 설파합니다. '하느님 나라가 오니 너희의 재산은 아무 소용이 없다. 그러니 교회에 모든 재산을 바쳐라. 그리고 세상에서 이루려는 꿈이나 미래의 계획 같은 것도 종말이 다가오면 모두 의미가 없으니, 곧 다가올 종말을 준비하고 교주가 시키는 대로 해라'라면서 사람들을 노예처럼 혹독하게 부립니다. 그러면서 자신은 짐짓 구세주라도 되는 양 흰옷을 입고 거룩한 표정을 지으며 얼굴에는 자비로운 웃음을 머금습니다. 예수님께서 가장 싫어하신 "회칠한 무덤" 같이 겉은 번지르르하지만 속은 썩어 있는 전형적인 위선자의 모습입니다.

사회에서 가난하고 소외되고, 외로움에 힘들어하는 사람들이 이런 꼬임에 쉽게 넘어가 모든 재산을 갖다 바치고 정신적으로도 피폐해지며 점차 망가져 갑니다. 사이비 종교의 교주와 교단을 이끄는 무리는 사람들의 약한 부분을 파고들어 세뇌하고 현혹합니다. 그리고 자신을 따르는 이들의 재산을 착복해 호화생활을 하고, 어린 여성들을 성적으로 착취합니다. 이들은 인간이 저지를 수 있는 가장 추악하고 끔찍한 죄악을 저지르고 있습니다. 전쟁을 일으키거나 무참히 살인을 일삼는 자들에 대해 사람들은 공포를 느끼고 경계하고 피하려는 노력이라도 합니다. 하지만 이런 사이비 종교의 교주는 사람들의 선의의 마음을 파고들어 경계심을 허물고 자신들에게 온전히 의탁하게 만들어 철저히 착복합니다. 사람들의 가장 선한 마음을 이용해 자신들의 더러운 욕망을 채우는 이들이 바로 '사이비'인 것입니다.

사이비는 비단 종교에만 국한된 현상이 아닙니다. 세상 곳곳에 '사이비'가 만연합니다. 선한 목자인양 행세하지만 양들을 등쳐먹고 해치는 '사이비' 목자도 있습니다. 나라와 국민을 위해 일하겠다고 유세하지만 온갖 부정부패를 일삼고 당과 개인의 이익만 챙기는 '사이비' 정치인도 있지요. 사랑한다고 하면서 데이트 폭력을 일삼거나 바람을 피우는 '사이비' 애인도 있습니다. 사이비 교사, 사이비 부모, 사이비 신자도 있겠지요. 위선을 저지르는 모든 이가 '사이비'似而非입니다.

나는 진정 진실한 모습으로 살아가는지, 나는 겉으로 짐짓 의로운 척하며 속은 이기적인 위선을 저지르지 않는지 돌아봐야 하겠습니다. 사이비 신앙인이 아니라 참된 하느님의 자녀로 살아갈 수 있기를 소망합니다. 사이비가 세상에 만연하는 한 예수님의 마음(聖心)은 오늘도 피땀을 흘리며 상처받고 계실 것입니다.

> "불행하도다, 너희 율사와 바리사이 위선자들아! 너희는 겉으로는 아름답게 보이지만 속으로는 죽은 이들의 뼈와 온갖 더러움이 가득 차 있는 회칠한 무덤들을 닮았다"(마태 23,27).

---

1 『맹자』「진심」盡心 下 37. 참조.